ペトロ文庫

教皇フランシスコ

十戒・主の祈り

—教皇講話集—

カトリック中央協議会

目次

はじめに……10

十戒

全きいのちへの願望……19
神との契約を続けるための「十のことば」……25

神の愛はおきてに先行し、おきてに意味を与える……32

「わたしをおいてほかに神があってはならない」……39

偶像崇拝……46

神の名を尊びなさい……51

安息日（一）……56

安息日（二）——解放の預言……61

あなたの父母を敬いなさい……66

殺してはならない（一）……72

殺してはならない（二）――イエスの教え……77
婚姻（一）――姦淫してはならない……82
婚姻（二）――夫婦の召し出しはキリストのうちに完成を見る……86
盗んではならない……90
「偽証してはならない」……96
人の配偶者を欲してはならない、人の財産を欲してはならない……101
キリストにおける新たなおきてと、聖霊に従った願望……106

主の祈り

わたしたちにも祈りを教えてください……113
信頼して願い求める祈り……119
山上の説教の中心……124
たたきなさい。そうすれば、開かれる……129
アッバ、父よ……135
わたしたち皆の父……141

天におられる父……147
み名が聖とされますように……153
み国が来ますように……158
み心が行われますように……163
わたしたちの日ごとの糧をお与えください……168
わたしたちの罪をおゆるしください……173
わたしたちも人をゆるします……178
わたしたちを誘惑におちいらせないでください……184

悪からお救いください……190
どこにいても、御父に祈りなさい……195
過越——試練にあっての父への祈り……200

本書は文庫オリジナルです。

文中、聖書の引用は原則として日本聖書協会『聖書　新共同訳』（二〇〇〇年版）を使用しました。ただし、漢字・仮名の表記は本文に合わせています。他の引用につきましても、用字等、一部変更を加えた箇所があることをお断りいたします。

はじめに

本書は、教皇フランシスコが行った二つのテーマの一般謁見連続講話を一冊にまとめたものです。「十戒」をテーマにした二〇一八年六月十三日から同年十一月二十八日までの十七回、「主の祈り」をテーマにした同年十二月五日から二〇一九年五月二十二日までの十六回の講話を収録し、さらに後者には、聖なる過越の三日間の前日にあたる二〇一九年四月十七日の講話を付け加えました。

＊＊＊

「十戒」の連続講話は、若者へと向けられたメッセージから始まっています。教皇は、流される生き方をしてはいけない、「臆病な人、思い切ったことは何もしない人にはならないで」ほしいと、力強く若者を励まします（20頁）。そのうえで、青年が大人になるのは「自分の限界を受け入れるとき」だと説きます（21頁）。自分に何が欠けているのかに気づくことで大人になるのだと。そして、「まがいものの生ではなく、本物の生を得る」ことへと招きます（22頁）。律法や預言者を「廃止するためではなく、完成するため」（マタイ5・17）に世に来られたイエスは、真の豊かな生き方へとわたしたちを導いてくださるのです。

いかにもフランシスコ教皇らしい導入ではないでしょうか。「十戒」というと、字面のとおり「戒め」として、縛りつけるもの、押しつけられるものというイメージを抱きがちです。教皇は、わたしたちをその固定観念から、実にやんわりと解放してくれています。

続く回で、その教えはさらに輪郭を明確にします。「ユダヤ教の慣例では、モーセのおきてはつねに「十のことば」と呼ばれます」。「法の形式」であるにもかかわらず、そこに「戒め」という意味はなく、単に「十のことば」なのです。教皇は、「おきて」が対話を必要としない一方通行なものであるのに対し、「ことば」は「対話のようなかかわりには欠かせない媒体」だと説明します。創造は御父のことばによってなされたのであり、何よりも「御子とは受肉したみことば」なのです（26頁―）。

ですから十戒は、神とわたしたちとの「対話」です。これらのことばを通して神が語りかけてくださっているのであって、わたしたちはそれにこたえなければならないのです。

＊＊＊

「主の祈り」の連続講話でも、愛である神と人間との関係が解説されます。わたしたちは天の父を「お父さん」と無邪気に呼んで、すべてをゆだね、願いを伝えることができます。それこそキリスト者にとっての信仰の喜びです。この喜びの表現が全編にわたって満ちている本連続講話は、フランシスコ教皇の真骨頂といえるかもしれません。

教皇は何かを願う祈り、すなわち嘆願の祈りは、賛美の祈りと比べて決して程度の低いものではないと説いています。イエスが求めておられるのは「格調高い祈りではなく、むしろ、人間存在のすべて、ごく具体的で日常的な問題を含めたすべてが祈りとなる」ことなのです（168頁）。そして大切なのは「日ごとの糧をお与えください」と願うのは、「わたし」にではなく「わたしたち」に対してだということです。「神との対話には、個人主義の入る余地がないのです」（143頁）。ですから主の祈りを唱えるごとに、わたしたちは人類の連帯を祈り、願っています。「人類に与えられたパンなのに、一部の人だけが食べてい」る現実（171頁）は、愛によって変革されなければなりません。

しかしわたしたちは、しばしば愛を忘れ、自己中心的になり、過ちを犯します。にもかかわらず神は、ご自分に「アッバ」「お父さん」と呼びかけ、あわれみを請うことを許してくださるのです。そして神は、放蕩息子を迎え入れる父親のように、愛だけをもって受け入れてくださいます。「裁きの欲求」も「怒り」もなく、神はひたすら「愛だけを覚えて」おられるのです（137―138頁）。

なお本文でも触れられていますが、神に対する「お父さん」というイメージが、虐待など、父親についてのつらい記憶をもつ人にとってつまずきとならないよう、『カトリック教会のカテキズム』は「そのイメージを浄化することが大切」（2779）だと教えています（148頁）。

最後に、主の祈りの最後から二番目の嘆願、「わたしたちを誘惑におちいらせず」について簡単に説明を加えておきます。以前の文語訳では「われらを試みに引きたまわざれ」と唱えていた箇所です。

この箇所について教皇は、「人間の歩みを脅かす誘惑の主が神であるとするのは、絶対に避けなければならない」（185頁）と訴えています。イタリア語の主の祈りの当該箇所は、以前は“non indurci in tentazione”（わたしたちを誘惑に導かないでください）となっていたのですが、この翻訳は適切でないと教皇はたびたび述べており、二〇一九年に“non abbandonarci alla tentazione”（わたしたちを誘惑に捨て置かないでください）と改められた表現が、バチカンの認可を受けています。なお、フランスの司教団はこれよりも数年前に“ne nous soumets pas à la tentation”を“ne nous laisse pas entrer en tentation”と改めています。イタリア語と同様の改訂です。

教皇は、わたしたちを励ますかのごとく教えています。「主の祈りが、「お父さん」という呼びかけで始まることを忘れないでください。父親はわが子に罠《わな》を仕掛けたりしません。キリスト者がかかわる神は、人間と張り合ったり、人間を試して喜んだりするような嫉妬深い神ではありません」（185頁）。

教皇フランシスコ

十戒・主の祈り——教皇講話集

カトリック中央協議会事務局　編訳

十戒

神の十戒（カテキズム用の文言）

わたしはあなたの主なる神である。

1　わたしのほかに神があってはならない。

2　あなたの神、主の名をみだりに唱えてはならない。

3　主の日を心にとどめ、これを聖とせよ。

4　あなたの父母を敬え。

5　殺してはならない。

6　姦淫してはならない。

7　盗んではならない。

8　隣人に関して偽証してはならない。

9　隣人の妻を欲してはならない。

10　隣人の財産を欲してはならない。

全きいのちへの願望

愛する兄弟姉妹の皆さん、こんにちは。

今日はパドヴァの聖アントニオの記念日です。アントニオという名前のかたはおられますか。すべての「アントニオさん」に拍手を送りましょう。今日から新たに、十戒に関する連続講話を始めます。神からの教えである十戒です。まずは、先ほど朗読された箇所を足掛かりに始めていきましょう。イエスと若者との出会い、ひざまずき、永遠のいのちを受け継ぐにはどうしたらよいかと尋ねる若者との出会いです（マルコ10・17―21参照）。この問いには、あらゆる存在が、わたしたち自身も含め、全存在が向き合うべき挑戦があります。欠けるところのない全き、永遠なるいのちへのあこがれです。では、そのいのちを得るにはどうしたらよいのでしょうか。どの道をたどるべきでしょうか。本気で生きる、気高く生きる……。どれほど多くの若者が、「生きる」ことを希求しながらも、はかないものに追従《ついじゅう》しては身を滅ぼしていることでしょう。

この衝動、生きたいという衝動は、危険なので鎮めたほうがいいという人もいます。いいですか、とくに若者の皆さんに伝えたいことがあります。わたしたちの最大の敵は、実際的な諸問題ではありません。たとえそれが、深刻で重大なものであったとしてもです。いのちを脅かす最大の危機は、流されるという悪しき精神です。従順でも謙遜でもなく、凡庸で臆病なことです[1]。思い切ったことをしない若者は、未来ある若者でしょうか。違います。今のままで、成長することもなく、成功もしません。個性のない凡人、臆病な人。そんな若者は何でもかんでも躊躇します。「でもわたしなんて……」。そのような若者は前へは進めません。従順で強い人になってください。臆病な人、思い切ったことは何もしない人にはならないでください。

福者ピエール・ジョルジオ・フラッサティ——彼も若者でした——は、われわれは生きねばならない、ぼんやり過ごしていてはならない、と述べています[2]。凡俗な者はただぼんやり過ごします。生命力をもって生きてこそなのです。健全な落ち着きのなさというたまものを、現代の若者のために、天の御父に願い求めなければなりません。確かに、家で、皆さんの家の中で、どこのご家庭でも、一日中座ったままの若者がいれば、親御さんは大抵「これは不健全だ。どうにかしないと」と心配して医者に連れてゆくでしょう。若者の生活は前へ前へと進むもの、そこにはそわそわが、健全な落ち着きのなさ――美しさのない生活、彩りのない生活には満足しない能力――があります。若者が真実なる生への渇望を失ったなら、人類はどうなってしまうでしょう。大人しく、そわそわすることのない若者たちと、人類はどこへ向かうのでしょうか。

　先ほど読まれた福音の中の若者の問いは、わたしたち一人ひとりの中にもあります。満ち足りたいのち、幸福、そんないのちを得るにはどうしたらよいのか――。イエスは「おきてをあなたは知っているはずだ」（19節）と答え、十戒の一部を引用します。それは、正しいところへ導くためにイエスが用いた教育法です。実際、その問いから分かるように、その人は全きいのちを得ておらず、さらに多くを求め、落ち着かずにいます。それでは、彼が納得するためには何が必要なのでしょうか。若者はいいます。「先生、そういうことはみな、子どもの時から守ってきました」（20節）。

　どのように青年期から成人期に移行するのでしょうか。それは自分の限界を受け入れるときに始まります。物事を客観的に見られるようになり、「（自分）に欠けているもの」（21節参照）に気づくときに大人になります。この若者は、自分が「できうる」ことは何であれ「屋根」より高みには上ることはなく、自力では限界を超え出ることはないと、いやでも気づかされたのです。

人間であるとは、なんとすばらしいことでしょう。わたしたちの存在は、なんと尊いのでしょう。けれども、人間が過去の歴史の中でほとんどずっと拒み続け、悲惨な結果を生み出してきた一つの真実があります。人間の限界という真実です。

その理解の助けを、イエスは福音書で語っておられます。「わたしが来たのは律法や預言者を廃止するためだ、と思ってはならない。廃止するためではなく、完成するためである」（マタイ5・17）。主イエスは完成をもたらしてくださいます。イエスはそのために来られました。この若者は、生き方に十分でないところがあるから、自分自身のために、自分の手にするもの、自分の富のために生きるのをやめ、主に従うためにすべてを手放す跳躍の入り口に立たなければなりませんでした[3]。しっかり見てみれば、イエスの最後の呼びかけ――それはとんでもない、驚きの呼びかけですが――は、不足になる提案ではなく、豊かさの、真の豊かさのための提案だということが分かります。「あなたに欠けているものが一つある。行ってもっている物を売り払い、貧しい人々に施しなさい。そうすれば、天に富を積むことになる。それから、わたしに従いなさい」（マルコ10・21）。

本物かイミテーションかを選べるのに、だれがイミテーションを選ぶでしょうか。さあ、チャレンジです。まがいものの生ではなく、本物の生を得るのです。イエスがお与えになるのはまがいものではなく、まことのいのち、まことの愛、まことの富です。わたしたちが本物を選ばず、中途半端に妥協するさまを若者が見たならば、信仰に関してわたしたちに倣うことなどできるでしょうか。半分の、いってしまえば「小人」の、キリスト者を見るのは嫌なものです。そうした人は、ある程度は成長したものの、そこから先の成長は止まっています。縮んで、閉ざされた心のキリスト者です。それを見るのはつらいことです。「もっと先」へ、「なおいっそう」、あと少し育ちなさいと呼びかける、手本が必要です。聖イグナツィオはそうした人物を、「マジス」――「炎、眠りから目覚めさせる熱い行為[4]」と呼びました。

欠けているものがあるという自覚には、もっているという気づきによって至ります。イエスは律法や預言者を廃止するためにではなく、完成するために来られました。「欠けている」へと跳躍するために、現状から出発しなければなりません。特別なものへと自らを開くには、当たり前のものを注意深く見つめなければならないのです。

この連続講話でわたしたちは、モーセの二枚の石板を、キリスト者として、イエスの手を握りながら取り上げます。イエスに従って歩きながら、若さゆえの迷妄から天上の宝へと進んでいくためです。古代からの知恵の詰まったこれらのおきての一つ一つに、天におられる御父が開いてくださった扉を見いだすことでしょう。その扉を通られたかた、主イエスは、わたしたちをまことのいのちへと導いてくださいます。主イエスのいのちへ。神の子どもたちのいのちへと――。

（二〇一八年六月十三日、サンピエトロ広場にて）

注

（1）教父たちも「臆病」について述べている。ダマスコの聖ヨハネはそれを「事を起こすことへの恐れ」（『知識の泉』「正統信仰論第二十九章」*Fons scientiae, De fide orthodoxa,* ii,15）と定義し、聖ヨハネ・クリマクスが「臆病は、もはや若さのない魂に宿る、子どもじみた気質である」（『楽園の梯子』*Klimax tou paradeisou,* xx, i, 2）と加えた。

（2）「イシドーロ・ボニーニへの手紙（一九二五年二月二十七日付）」参照。

（3）「目は光のために、耳は音のために造られました。どんなものにもその固有の目的があり、魂にはキリストに身を投げ出したいという願望があります」（ニコラス・カバシラス『キリストにあってのいのち』*Peri tes en Christozoes,* ii, 90）。

（4）「第三十六回イエズス会総会でのあいさつ（二〇一六年十月二十四日）」。「信仰、正義、共感力、愛のわざに関して、それらを突き詰め、それが人々の生活に実際に与える影響を考慮する、そのような歩みをイグナツィオに始めさせる、もっと（magis）、さらに（plus）を問題としているのです」。

神との契約を続けるための「十のことば」

愛する兄弟姉妹の皆さん、おはようございます。

この謁見は二か所で行われています。この広場と、パウロ六世ホールです。ホールでは病気のかた二百名以上が、大型スクリーンを通して謁見の講話を聞いておられます。わたしたちは、ともに一つの共同体を成しています。ホールにいるかたがたに、拍手であいさつしましょう。

先週の水曜日から、十戒に関する新たな連続講話を始めています。主なるイエスは、律法を廃止するためではなく、完成するために来られたことを振り返りました。ですがこうした見方を、もっとよく理解する必要があります。

聖書において十戒は、それぞれが単体で存続しているのではなく、一つの結びつき、つながりの一環です。主イエスは、律法を廃止するためではなく完成するために来られました。そして、神とその民の間には、契約[1]という結びつきがあるのです。出エジプト記二十章の冒頭には、次のように書かれています。「神はこれらすべてのことばを告げられた」（1節）。これは重要です。

　これは他の書にも見られる導入句のようですが、聖書にはありきたりのものなどありません。この箇所には「神はこれら……のことばを告げられた」と記されています。「これらのおきて」とは書かれていません。ユダヤ教の慣例では、モーセのおきてはつねに「十のことば」と呼ばれます。「デカローグ（Decalogue）」（訳注：deca［十］とlogue［ことば］に由来する）という用語には、ただ「十のことば」の意味しかありません[2]。しかしそれらは法の形式をしており、客観的に見てもおきてです。それではなぜ、聖書作者はここで「十のことば」という表現を用いたのでしょう。どうしてでしょうか。なぜ、「十の戒め」とはいわないのでしょう。

　おきてとことばの違いは何でしょうか。おきては、対話を必要としないコミュニケーション（情報伝達）です。他方ことばは、対話のようなかかわりには欠かせない媒体です。父なる神は、ご自分のことばを通して創造されました。そして御子とは受肉したみことばです。愛はことばではぐくまれますし、教育や協力関係も同様です。互いに好感をもっていない者どうしでは、コミュニケーションは取れないでしょう。だれかが心に語りかけてくれれば、寂しさは消えます。ことばを受けるとき、コミュニケーションが生まれます。十戒とは神のことばです。神はこれらの十のことばを通してご自分を伝え、わたしたちの応答を待っておられるのです。

命令を受けることとは、また別のことです。だれかが自分に話そうとしているのを感じ取ることとは、まったく異なることです。対話とは、事実の伝達以上のものです。「今日で春も終わりです。暖かい春でしたが、今日がその最後の日です」とわたしが皆さんにいったとします（訳注：この講話の翌日が夏至に当たっていた）。これは事実の伝達であって、対話ではありません。でももしわたしが「皆さん、この春はいかがでしたか」と尋ねたら、それは対話の始まりです。十戒は対話です。「話す喜びがあるから対話するのです。対話はまた、愛する者どうしがことばによってその愛を伝えるためにとくに役立ちます。対話の豊かさは、話題になっていることがらだけではなく、対話を通してお互いが分かち合うことにあります」（使徒的勧告『福音の喜び』142）。

ですがこの違いは、人為的なものではありません。原初に何が起こったか見てみましょう。誘惑する者、悪魔は人間を次のように欺こうとします。神が善悪の知識の木の実を食べることを人間に禁じたのは支配しておくためだと、人間をそそのかすのです。まさしく、次のことが問われています。神が人間に与えた最初の規範は、禁じたり強いたりする独裁者からの命令なのか。それとも、ご自分の子である弱い者たちを世話し、彼らを自滅から守る、父の思いやりなのか――。かけられることばなのか、それともおきてなのか――。蛇がエバについたさまざまな嘘の中でもっとも悲劇的なのは、ねたむ神だとそそのかしたことです。「いや、そうではないのだ。神はおまえたちに嫉妬しているのだ」。神だけがもつもの――。「神はおまえたちに自由を得てほしくないのだ」。こうしたことは、蛇が嘘をつき、愛からのことばを命令だと信じ込ませようとしたことを、芝居仕立てに示しています（創世記2・16―17、3・4―5参照）。

人間はこうした岐路に直面しています。神は何かを命じておられるのだろうか、それともわたしを気遣っておられるのだろうか。神のおきては法令にすぎないのか、それともわたしを養ってくださることばでもあるのか。神は支配者なのか、それとも父なのか。神はお父さんです。これを決して忘れないでください。最悪の状況でも、わたしたち皆を愛してくださる御父がいることを思い起こしてください。わたしたちは隷属する民なのか、それとも子どもなのか。こうした葛藤は、わたしたちの心の内外につねに存在しています。わたしたちは、隷属する者の精神性と、子どもとしての精神性のどちらを取るか、何度も何度も選ばなければなりません。おきては支配者からのもので、かけられることばは父からのものです。

聖霊は子どもにとっての霊であり、それはイエスの霊です。隷属する者の霊は、神の律法を抑圧的にしか受け取ることができず、それにより二つの正反対な結果に至ります。義務と法令遵守だけの生活か、激しい拒絶反応かです。律法の文字から、いのちを与える神の霊への移行（二コリント3・6―17参照）――それは、キリスト教の精神性全体に及んでいます。イエスは御父のことばであって、御父からの非難ではありません。イエスが来られたのは、そのことばでわたしたちを救うためであり、罪に定めるためではないのです。

人がこの移行を経験したか否かは表に表れます。キリスト者が、自分を子だと思っているか奴隷だと思っているかは、見れば分かります。わたしたちも、先生が父や母のように自分を気遣ってくれたのか、それとも、ただ規則を押しつけていただけなのかを覚えています。十戒は自由への道です。その道でわたしたちを解放してくださる御父が、かけてくださることばだからです。

世が必要とするのは、律法主義ではなく、思いやりです。子としての心をもったキリスト者が必要です[3]。子の心をもったキリスト者が必要とされている、どうかこれを忘れないでください。

（二〇一八年六月二十日、サンピエトロ広場にて）

注

（1）出エジプト記20章には、19章での契約の申し出が先立っている。その核となるものは次の宣言である。「今、もしわたしの声に聞き従い、わたしの契約を守るならば、あなたたちはすべての民の間にあって、わたしの宝となる。世界はすべてわたしのものである。あなたたちは、わたしにとって、祭司の王国、聖なる国民となる」（出エジプト19・5―6）。この言い回しの述語は、レビ記で象徴的な要約を得る。「わたしはあなたたちのうちを巡り歩き、あなたたちの神となり、あなたたちはわたしの民となる」（26・12）。それは、イザヤ書7章14節での予告されたメシアの名――インマヌエル――へと至り、そのかたは、マタイによる福音書で到来を見るのです。「見よ、おとめが身ごもって男の子を産む。その名はインマヌエルと呼ばれる」（マタイ1・23）。したがってこのことに、ユダヤ教信仰の本質的特徴、そしてほとんどすべてといっていい、キリスト教信仰の特徴が表れている。

（2）「そして、十の戒めからなる契約のことばを板に書き記した」（出エジプト34・28）参照。

（3）「十戒のたまものは、新しい契約の約束でありしるしでした（エレミヤ31・31―34参照）。そのなかで、法は心を醜くしていた罪の法と引き替えに（エレミヤ17・1参照）、人間の心の上に新しく、また決定的な方法で書き替えられることになりました。その日には、「新しい心が」与えられます。それは心の中に「新しい霊」、すなわち神の霊が住むようになるからです（エゼキエル36・24―28参照）」（ヨハネ・パウロ二世回勅『真理の輝き』12）参照。

神の愛はおきてに先行し、おきてに意味を与える

愛する兄弟姉妹の皆さん、おはようございます。

今日の謁見は、先週の水曜日と同様に行われます。パウロ六世ホールには病気のかたがたくさんおられます。暑さを避け、快適でいられるよう、そちらにおられます。しかし、大型スクリーンを通してそのかたたちも謁見に参加しています。ですから、わたしたちは一緒です。別々の謁見ではありません。謁見は一つです。パウロ六世ホールの病者の皆さんにあいさつしましょう。では、引き続き十戒についてお話ししましょう。前回話したとおり、それはおきてというよりも、ご自分の民が健やかに歩めるようにとの、神がかけることばです。神の愛情あふれることばです。十のことばは次のように始まります。「わたしは主、あなたの神、あなたをエジプトの国、奴隷の家から導き出した神である」（出エジプト20・2）。この冒頭のことばは、その後に続く実質的な法にはそぐわないように見えます。ですが、そうではありません。

なぜ、神はご自分について、そして解放について、このように宣言なさるのでしょう。それは、紅海を渡った後にシナイ山にたどり着くから、すなわち、イスラエルの神は、まず救ってくださり、それから信頼を求められるのです[1]。つまり、十戒は神の寛大さから始まるのです。神は、お与えになることなく求めたりはなさいません。必ずそうです。まず救ってくださり、まず与えてくださり、それから、お望みになるのです。それが、わたしたちの御父、いつくしみ深い神です。

最初の宣言「わたしは主、あなたの神」がいかに重要であるかを知りましょう。ここには所有格があります。関係性があります。相互の帰属性が存在しています。神はあなたと縁のないかたではありません。あなたの神なのです[2]。このことは十戒全体を照らすとともに、キリスト者の行動の極意を明らかにします。「父がわたしを愛されたように、わたしもあなたがたを愛してきた」（ヨハネ15・9）といっておられるイエスの姿勢と同じだからです。キリストは御父から愛を受け、その愛をもってわたしたちを愛しておられます。キリストはご自身ではなく、御父を元に動かれます。わたしたちの行為が報われないことが多いのは、感謝からではなく、自己を発端とするからです。自己を発端とする人はどこに行き着くでしょう。自己です。道を切り開くこともできずに、自己へと戻ってしまいます。それこそが、冗談めかして、「わたしです。

わたしの、わたしにとっての、わたしのための——」という人のあの利己的な態度です。自己から始まり、自己に帰着するのです。

キリスト者の生活とは、広い心の優しい御父に対する、感謝の気持ちにあふれた応答にほかなりません。「義務」を果たすだけのキリスト者は、「わたしたちのもの」でいてくださるあの神を、人格的に身をもって知ることができずに終わります。こうしなければ、こうでなければ、これもしないと……すべきことばかりです。あなたには欠けているものがあります。そのすべきことの根拠は何ですか。その義務の根拠は、まず初めに与えてくださり、それからお命じになる、父なる神の愛なのです。かかわりより先に律法を押しつけることは、信仰の旅の助けにはなりません。解放からではなく、義務や務めや整合性から始めるのならば、若い人がキリスト者になりたいと望むでしょうか。キリスト者である、それは解放の道です。十戒はあなたを利己心から、あなた自身から解放します。十戒には、あなたを前へ進めてくださる神の愛があるからです。キリスト者の養成の基盤は、意志の力にではなく、救いを受け入れること、愛されるがままに任せることにあります。紅海が先にあって、それからシナイ山があるのです。救いが先です。神はご自分の民を紅海で救ってくださり、それからシナイ山で、彼らがなすべきことを伝えます。だからその民は、愛してくださる御父に救っていただいたからそれを行うのだと知っているのです。

感謝は、聖霊の訪れた心を表す一つの特徴です。神に従うためには、神からの恵みを胸に刻むことが何よりも必要です。聖バジリオはいいます。「それらの恩恵を忘れ去ることのない人は、美徳のためと、正義に尽くすすべての行為のために、自らを向かわせる」（『修道士小規定』：*Regulae brevius tractatae*, 56）。このすべてはどこにわたしたちを導くのでしょうか。思い起こす練習をしてください[3]。わたしたち一人ひとりのために、神はいかに多くの信じられないようなことをしてくださったかを。天の御父はなんと広い心なのかを。ここで、少し練習してみましょう。沈黙のまま、それぞれが心の中で答えてください。神がわたしのためにしてくださった驚くべきことはいくつあるだろうか。これが問いです。各自、声に出さずに答えてください。神がわたしのためにしてくださった、信じられないようなことはいくつあるだろうか。それこそ、神による解放です。神は多くの信じられないようなことをしてくださり、わたしたちを解放してくださいます。

ただ、神による解放を本当にはまだ体験していないと感じる人もいます。それはありえるでしょう。心の中を見てみれば、義務感しかない、子どもの心ではなく奴隷の心しかない、そんなこともありえるでしょう。そうした場合はどうしたらよいでしょうか。選ばれた民もまたそうでした。出エジプト記には次のように記されています。「イスラエルの人々は労働のゆえにうめき、叫んだ。労働のゆえに助けを求める彼らの叫び声は神に届いた。神はその嘆きを聞き、アブラハム、イサク、ヤコブとの契約を思い起こされた。神はイスラエルの人々を顧み、み心に留められた」（出エジプト2・23―25）。神はわたしのことを思っておられます。

十戒の冒頭に置かれている神の救いのわざは、このうめきへのこたえです。わたしたちは自力で自分を救うのではありませんが、助けを求める叫び声を上げることはできます。「主よ、わたしを救ってください。主よ、道をお示しください。主よ、わたしのことを気にかけてください。主よ、ささやかな喜びをお与えください」。これは助けを求める叫びです。利己心からの、罪からの、隷属の鎖からの解放を望むかどうかはわたしたち次第です。この叫びは大切です。それは祈りです。自身の内にはなお抑圧され、解放されていない部分があるという自覚です。わたしたちの魂には、解放されていない部分がたくさんあります。「わたしを救ってください。助けてください。解放してください」。これが、主に向けた美しい祈りです。神はこの叫びを待っておられます。わたしたちの鎖を断ち切ることがおできになり、そう望んでおられるからです。神は、抑圧されたままの生にわたしたちを招かれたのではありません。むしろ、自由になり、感謝しながら生き、わたしたちに多くを、わたしたちが返せる以上にずっと多くを与えてくださるかたに喜びをもって従うようにと招かれたのです。すてきですね。これまでわたしたちの中でなされたこと、今なさっていること、これからなされることをもって、神がつねに賛美されますように。

（二〇一八年六月二十七日、サンピエトロ広場にて）

注

（1）ユダヤ教ラビの書には、この点を理解する助けとなるテキストが含まれている。「なぜ十のことばは、モーセ五書（トーラー）の出だしで告げられないのでしょうか。（中略）何になぞらえましょうか。町の支配の責任を負う人が、住人に尋ねました。「お前たちを治めてもよいか」。しかし住人はこう答えました。「わたしたちを治めるほどのどんなよいことを、あなたはわたしたちにしてくれたのですか」と。そこで、この人は何をしたでしょうか。防壁で囲み、町に水を引くための水路を開き、それから、住人のために闘いました。そして再び「お前たちを支配してもよいか」と尋ねると、住人は「どうぞどうぞ」と答えました。まさにそのように、その地位にあるかたは、イスラエルの民をエジプトから連れ出し、彼らのために海を二つに割り、マナを降らせ、岩から水を出し、うずらを飛んでこさせ、最後にはアマレクと闘ってくださったのです。だからそのかたが住人に「お前たちを治めてもよいか」と尋ねると、住人たちは「どうぞ、もちろん」と答えたのです」（*Il dono della Torah. Commento al decalogo di Es 20 nella Mekilta di R. Ishamael*, Roma 1982, p. 49）。

（2）「神と人間の間の愛の歴史とは、まさしく、神と人間が共通の思いと感情を抱くことによってますます共通の意志をもつようになることであり、こうして人間の意志が神のみ旨とますます一致するようになることです。神のみ旨は、わたしから懸け離れたものでも、おきてによって外部から強制されたものでもなく、わたしの意志となります。それは、神が「わたしのもっとも内なるところよりもっと内にいる」という経験に基づくものです。このようにして、わたしたちはますます神に自分をささげ、神はますますわたしたちの喜びとなります」（教皇ベネディクト十六世回勅『神は愛』17）参照。

（3）「（祈りとは何でしょうか。）それは神の前で、自分のそれまでの人生を思い起こすことです。わたしたちの人生とは、わたしたちに注がれる神の愛の歴史だからです」（「教皇宿舎サンタ・マルタ館でのミサ説教（二〇一四年十月七日）」）参照。

「わたしをおいてほかに神があってはならない」

愛する兄弟姉妹の皆さん、おはようございます。

十戒の第一のおきてが朗読されました。「あなたには、わたしをおいてほかに神があってはならない」（出エジプト20・3）。偶像崇拝という、大変重要で今日的なテーマについて考えるのは有益です。

このおきては、[1]像であれ似姿[2]であれ、対象は何であっても[3]造ってはならないと命じています。事実、いかなるものも偶像となりえます。信者や無神論者の区別なく、人間のもつ傾向のことをいっているのです。たとえばわたしたちキリスト者は、次のように自問するでしょう。わたしの神とは、実際はどんなかただろう。一にして三位である愛なるかただろうか、それとも教会の中にいてさえも、わたしが勝手に思い描くもの、わたし個人の利益の投影だろうか――。「偶像崇拝というのは、異教の誤った信仰に関することがらだけの問題ではありません。それは、どんなときにも信仰に対する誘惑となり続けるものなのです。偶像崇拝とは、神でないものを神とすることです」（『カトリック教会のカテキズム』2113）。

実存的なレベルでいう「神」とは何でしょうか。それは、己の生き方の核にあるもので、行動と思考のよりどころとなるものです[4]。クリスチャンとは名ばかりで、実際に中心としているもの、考える基軸が、福音とは別のものにある、そんな家庭で育つこともあるでしょう[5]。人は、何らかの心棒なしには生きていけません。だからこの世の中は、偶像――物だったり、イメージだったり、考え方だったり、ポジションだったり――を取りそろえた「スーパーマーケット」を提供しています。たとえば、祈りについてもそうです。わたしたちは神に、わたしたちの父に、祈らなければなりません。以前、ブエノスアイレス教区のとある小教区にミサをささげに行ったときのことを話そうと思います。そのあとで、そこから一キロほど離れた別の小教区で堅信式をしなければならなかった日のことです。わたしは徒歩で向かっていて、きれいな公園の中を突っ切っていました。公園には、二脚ずつ椅子が添えられた五十ほどのテーブルがあり、二人が向き合って座っていました。何をしていたのかというと――。タロット占いです。その人たちは、偶像に「祈る」ために集まっていました。未来をつかさどる、摂理であられる神に祈るよりも、未来をカードで読もうとそこに来ていました。これは、現代における偶像崇拝の一つです。お尋ねします。皆さんの中で、未来を読み解こうとして、カード占いに行ったことのある人はいますか。未来を知るために、主に祈るのではなく、たとえば、手相占いに行ったことのある人はいますか。それはまったく意味がありません。主は生きておられ、それ以外は偶像です。無意味な偶像崇拝です。

偶像崇拝はどのように展開するのでしょう。おきてはいくつかの段階を記しています。「あなたはいかなる像も造ってはならない。……いかなるものの形も造ってはならない。あなたはそれらに向かってひれ伏したり、それらに仕えたりしてはならない」（出エジプト20・4―5）。

「偶像」を表すギリシア語は、「見る」という動詞に由来します[6]。偶像とは、病的執着や妄信に陥りやすい「像《ビジョン》」です。実のところ偶像は、物やもくろみに投影された自己なのです。それを利用した例に広告があります。実物を見ていないのに、あの車、あのスマートフォン、あのポジション、あるいはほかの何かが、自分が絶対にかなえたい欲求にこたえ、それを満たす手段に思えます。そうしてそれを欲し、それについて語り、考えます。それの所有、そのもくろみの実現、その地位の獲得、そうした考えが、幸福になるすばらしい道に、天に届く塔（創世記11・1―9参照）に思え、それにすべてを投じるのです。

次に二番目の段階、「あなたはそれらに向かってひれ伏してはならない」に進みましょう。偶像は拝まれること、つまり礼拝を必要とします。偶像にひれ伏して、すべてをささげるのです。古代には、偶像に生身の人間がいけにえとされましたが、それは現代にもあります。出世のために子どもを犠牲にし、顧みず、あるいは産みすらしないこともあります。美容のために人間らしさを犠牲にすることもあります。一体何時間、鏡の前にいるのでしょう。一部の人たち、一部の女性たちは、化粧にどれだけ時間をかけているのでしょうか。これも偶像崇拝です。化粧をするのは悪いことではありません。ただ、女神になろうとするのではなく、ふつうでいいのです。美は人間の犠牲を求めます。名声は、自分自身を、無垢な心を、本当の自分を、代償として求めます。偶像は血を欲します。お金はいのちをかすめ取り、快楽は孤独へと至らしめます。経済の仕組みは、より多くの利益を求めて人間のいのちを食い物にします。失業者がこんなにも大勢いることを考えてみましょう。なぜなのでしょうか。事業主や企業経営者がより多く利益を上げるためにと、従業員の解雇を選ぶことが多いからです。金という偶像です。わたしたちは他者が期待する言動をすることで、偽善の中にいます。自分にとっての神が、それを強いるのです。そうして利益を上げるためにと、いのちは損なわれ、家庭は壊され、若者は破壊的な行動モデルの中に放置されます。薬物もまた偶像です。薬物という偶像をあがめたために、健康ばかりか人生さえも台なしにしてしまう若者がどれだけ多いことでしょう。

さて、三番目の「あなたは……それらに仕えたりしてはならない」という、いちばん悲劇的な段階にやってきました。偶像はわたしたちを奴隷にします。偶像は、幸福を約束しても、与えはしないのです。そして、そうした物や思惑のために生き、得られはしない成果を待ちつつ、自己破滅の渦に巻き込まれている自分を見いだすのです。

愛する兄弟姉妹の皆さん。偶像はいのちを約束しても、実際には奪い取ります。まことの神は、いのちを要求するのではなく、それをたまものとして、贈り物としてくださるのです。まことの神は、わたしたちに成功の幻影を示すのではなく、愛することを教えてくださるのです。まことの神は、子らに要求するのではなく、わたしたちのために、ご自分の独り子を与えてくださいます。偶像は、推測に過ぎない将来を映し出しては、現在を軽視するのです。まことの神は、幻想の未来にではなく、具体性をもった、日々の現実の中に生きることを教えます。今日を、明日を、明後日を、未来に向かって歩むことを教えます。まことの神の具体性に対し、偶像は揺らいでいます。いくつ偶像をもっているか、どの偶像がお気に入りか、今日、振り返ってみてください。自分の偶像崇拝を自覚することは、恵みの始まりであり、愛の道への第一歩だからです。愛と偶像崇拝は、間違いなく相いれません。何かを絶対で不可侵なものとしてしまえば、それは、配偶者よりも、子どもよりも、友情よりも重要なものとなってしまいます。何らかの物や考え方に執着すると、愛が見えなくなります。そうして偶像に頼るために、父、母、子ども、夫、妻、家族といったいちばん大切な存在さえ、偶像を前に捨ててしまうのです。物や考え方に執着すると、愛が見えなくなります。胸に刻んでください。偶像はわたしたちから愛を奪います。偶像により愛が見えなくなります。真に愛するためには、あらゆる偶像から自由にならなければなりません。

何が自分にとっての偶像でしょうか。それを引きはがして、窓から投げ捨ててください。

（二〇一八年八月一日、パウロ六世ホールにて）

注

（1）pesel という語は、「本来は木または石を彫って作った神の像、しかし多くは金属製のもの」（L. Koehler, W. Baumgartner, *The Hebrew and Aramaic Lexicon of the Old Testament*, vol.3, p. 949）を指す。

（2）temunah という語にはとても広い意味があり、〝似姿、像〟ともいえる。したがって禁止は広範に及び、あらゆるたぐいのものが似姿とみなされうる（L. Koehler - W. Baumgartner, *Op. cit.*, vol. 1, p. 504 参照）。

（3）おきては、像そのものを禁じたわけではない。まさに神ご自身が、後にモーセに、契約の箱の上に、金のケルビム（出エジプト25・18参照）と、青銅の蛇（民数記21・8参照）を作るようお命じになる。ただし、それらへの礼拝や奉仕は禁じている。したがって、禁じたのは神格化一般であり、複製ではない。

（4）ヘブライ語聖書は、カナン人の偶像崇拝を、Ba’al（バール神）という語で表す。この語は、「君主、緊密な関係、よりどころとする現実」を意味する。偶像とは、主人面をしてわがもの顔に振る舞うもの、心を奪うもの、生きる基軸となるものである（*Theological Lexicon of the Old Testament*, vol. 1, 247-251 参照）。

（5）「偶像崇拝は人間の生来の宗教心の倒錯です。偶像崇拝者とは、「人の心に消しがたく刻まれた神の理念を、神ではなく、神以外の何かに当てはめる」人のことです」（『カトリック教会のカテキズム』2114）参照。

（6）eidos（外観）から派生したギリシア語の eidolon（想像）の語源は、「見る」を意味する語根 weid に由来する（*Grande Lessico dell’Antico Testamento*, Brescia, 1967, vol. III, p. 127 参照）。

偶像崇拝

愛する兄弟姉妹の皆さん、おはようございます。

今日も引き続き、十戒について考えましょう。先週お話しした偶像崇拝というテーマを掘り下げます。このテーマを理解することはとても重要ですから、再度取り上げます。先ほど朗読された出エジプト記（32・1―8）で述べられている、まさしく偶像である、金の子牛を手始めとしましょう。この場面には、明確な背景があります。荒れ野です。神からの指示を受けるため山に登ったモーセを、民が待っていた荒れ野です。

荒れ野とはどんなところでしょうか。それは、不安定と不確実が支配する地です。荒れ野には何もありません。水も、食べ物も、身を守る場所もありません。荒れ野は、不確かでいっさいの保証のない境遇にある人間の生活をイメージしています。この不確実さが人に、福音書でイエスが述べている「「何を食べようか」「何を飲もうか」

「何を着ようか」」（マタイ6・31）といった、一義的な心配事を抱かせます。それは一義的な気がかりです。荒れ野が、こうした悩みを引き起こすのです。

そしてその荒れ野では、偶像崇拝の引き金となる何かが起こります。「モーセが山からなかなか下りて来ない」（出エジプト32・1）――。彼はそこに四十日間とどまったので、民はいら立ち始めます。モーセという頼みの綱の不在です。指導者、頭《かしら》、安心できる導き手の不在、それに耐えられなくなったのです。それで民は、識別と指導のために、目に見える神――これが人間の陥る罠《わな》です――を求めます。そしてアロンに訴えます。「さあ、われわれに先立って進む神々を造ってください」（1節）、「頭を、指導者をわたしたちにください」。人間の性分が、不安――荒れ野です――から逃れるために、何か宗教を「ＤＩＹ」で作り出そうとするのです。もし神がご自身をお示しにならなければ、わたしたちはオーダーメイドで神を作り上げてしまいます。「偶像の前では、自分の安定を捨てるよう求められる恐れもありません。偶像は「口があっても話せない」（詩編115・5）からです。そこから次のことが分かります。偶像は、自分を現実の中心に置き、自らが作ったものを崇拝するための口実です」（回勅『信仰の光』13）。

アロンは人々の求めを拒むことができず、金の小牛を造ります。古代の中東地域では、小牛には二つの意味がありました。肥沃《ひよく》と豊穣の象徴であり、また、活力と強靭さの象徴でした。ましてやそれは金製です。金は富、成功、権力、お金の象徴です。成功、権力、お金——、これらは強大な偶像です。いつの時代も変わらない誘惑です。そう、これが金の小牛の正体です。あらゆる欲望のシンボルであり、幻の自由を見せておいて人々を奴隷にしてしまうのです。何であれ偶像は、人を奴隷にしてしまうからです。魅力的で、あなたは参ってしまうのです。小鳥をにらむ蛇には引き寄せる力のようなものがあり、小鳥は動けなくなって、蛇に捕らえられてしまうのです。アロンには、断りようがなかったのです。

しかしすべての発端は、そもそも神を信じられないこと、神に確信をもてないこと、自分の心からの望みに神から本当の深みを与えていただこうとしないことにあります。それにより弱さ、不安、心配もそのまま残ってしまいます。神をよりどころにすれば、わたしたちは弱さや不安や心配事があっても強くいられます。神を第一にしないと、偶像崇拝へとやすやす落ちていき、貧弱な安心に甘んじるのです。実にこれは、聖書を通して描かれている誘惑です。次のことをよく考えてみてください。神にとって、エジプトから民を解放することはそれほどたいへんなことではありませんでした。力と愛のしるしをもって、それを遂げています。ところが神にとっての骨折りは、民の心からエジプトを取り除くこと、言い換えれば、人々の心から偶像崇拝を除くことでした。そして神は今なお、わたしたちの心からそれを除こうと働き続けておられます。わたしたちが心に置く「エジプト的なもの」、偶像崇拝へと走る傾きを取り除くことにこそ、神は苦心しておられるのです。

イエス・キリスト、豊かであったのにわたしたちのために貧しくなられたかた（二コリント8・9参照）、その神を受け入れると、己の弱さは人間の生にとって不名誉なことではなく、真に強いかたに向けて自分を開くために必要な状態なのだとようやく気づきます。そうなると、弱さという扉を通って神の救いへと至るからです（二コリント12・10参照）。人は自らの不完全性によって、神の父性に自分を開きます。人間の自由は、真の神を唯一の主とすることから生まれます。そうして、自分の弱さを受け入れられるように、心の中から偶像を追い払えるようになるのです。

わたしたちキリスト者が見つめるものは、弱々しい、見下げられた、すべての所有物をはぎ取られたかた、十字架につけられたキリストです（ヨハネ19・37参照）。ですが、そのかたを通してまことの神のみ顔が、愛の輝きが、偽物のキラキラした輝きではないものが見えます。イザヤはいいます。「彼の受けた傷によって、わたしたちはいやされた」（イザヤ53・5）。わたしたちがいやしを得たのはまさに、人となった神の人間としての弱さ、その傷を通してなのです。そしてわたしたちは、弱さを通して、神の救いに自らを開くことができるのです。わたしたちの回復は、貧しくなられたかた、挫折を受け入れたかた、愛と力で満たすためにわたしたちの不安を残さず担ってくださったかたからもたらされます。キリストは、神の父性を明らかにするために来られます。キリストにおいて、わたしたちの弱さはもはや不幸なことではなく、御父との出会いの機会であり、天から新たな力が与えられるきっかけなのです。

（二〇一八年八月八日、パウロ六世ホールにて）

神の名を尊びなさい

愛する兄弟姉妹の皆さん、おはようございます。

十戒に関する講話を続けましょう。今日は「あなたの神、主の名をみだりに唱えてはならない」（出エジプト20・7）というおきてに焦点を当てます。わたしたちは当然ながらこの神のことばを、神の名を汚したり、非礼なかたちで用いることのないようにという呼びかけとして受け止めています。この明白な趣旨は、この重要なことば――神の名をみだりに、非礼なかたちで用いてはならない――を深める準備をさせてくれます。

よく耳を傾けてみましょう。「唱えてはならない」という訳文は、ヘブライ語でもギリシア語でも、文字どおり「担いではならない。肩に乗せてはならない」を意味する表現の翻訳です。

「みだりに」という言い方は、より明確にいえば「無駄に、むやみに」です。空の袋、中身のないものを指しています。それは、偽善、形式主義、嘘、あるいは、神のことばやその名の、真理を欠いた無意味な使用がもつ特徴です。

聖書において名前とは、ことがらの、そして何より人の、内なる真理です。名前は多くの場合、使命を表しています。たとえば、創世記においてアブラム（17・5参照）、が、福音書においてシモン・ペトロ（ヨハネ1・42参照）が新しい名前を受けたのは、その人生の方向性の変更を示すためでした。神の名を本当の意味で知ることは、その人の人生を変えます。神の名を知ったときから、モーセの人生が変わったようにです（出エジプト3・13―15参照）。

ユダヤ教の儀式では、神の名が贖罪の日に荘厳に告げられ、人々はゆるしを得ます。その名前によって、神のいのちそのものであるいつくしみに触れるからです。

ですから「神の名を担ぐ」とは、神の現実を自分の中に入れ、神との強い結びつき、親しい関係に加わっていくことを意味します。わたしたちキリスト者にとってこのおきては、十字架のしるしをするたびに、「父と子と聖霊のみ名によって」洗礼を受けたことを思い起こすようにという呼びかけです。神との心からの真の交わりをもって、神の愛のうちに、日々行動していくためです。十字架のしるしをすることについて、ここでまたお話ししたいと思います。子どもたちに十字架のしるしのしかたを教えてください。子どもたちがどんなふうにそれをしているか、見たことがありますか。「十字架のしるしをしてごらん」といわれたら、子どもたちはそれらしき何かはするでしょう。でも、十字架のしるしにはなっていません。父と子と聖霊のみ名の刻み方を子どもたちに教えてください。子どもにとっての、最初の信仰表明です。皆さんへの宿題です。子どもたちに十字架のしるしを教えてください。

　偽善的に、形式的に、無意味に、神の名を担ぐことはありうるだろうか——、そう思う人がいるかもしれません。残念ながら答えは然《しか》りです。そうです、ありうるのです。人は、神と偽りのかかわりでいることもできるのです。イエスは、律法学者のことをそうだといわれました。彼らは何かはするものの、神が望んでおられることはしませんでした。神について語ってはいても、神の望みを行わないのです。だからイエスは、「彼らのいうことは行いなさい。しかし、彼らの行いは見倣ってはならない」と助言されたのです。彼らのように、神と偽りの関係でいることもできます。ですから十戒のこのおきてはまさしく、偽善的でなく、うわべではなく、全身全霊を神にゆだねる、そうした神との関係への招きです。結局、主においてこそいのちを得るのだと実感することで主との生活が揺るがなくなるその日までは、わたしたちは理屈を並び立てるだけなのです。

人の心を動かすキリスト教とは、そのようなうわべではないものです。聖人たちはなぜ、かくも人々の心を動かすのでしょうか。聖人は言いっ放しにせず、自身も行動するからです。聖なる人が話し、語りかけてくれれば、わたしたちは心を動かされます。そうなるのは、聖人たちのうちに、心底から望んでいるものを見いだすからです。――まこと、真のかかわり、根源なるものです。このことは、あの「身近な聖人」にも当てはまります。裏表なく、質素に、実直に、そして広い心で生きる手本を子どもたちに示す、多くの親たちがそうです。

神の名を偽りなく担ぐキリスト者が増えるなら――それによって主の祈りの最初の願い、「み名があがめられますように」を実践します――、教会の告げることにもっと耳を傾けてもらえるようになり、その信頼性は高まるでしょう。わたしたちの実生活に神の名がはっきりと現れるなら、洗礼がいかにすばらしいものであるか、また、ミサがいかに偉大なたまものであるかをそこに見てもらえます。わたしたちのからだとキリストのからだとにあるのは、何と崇高な結びつきでしょう。わたしたちの内にキリストがおられ、キリストの内にわたしたちがいるのです。結びついているのです。これは仮説ではなく真理です。オウムのように物まねで語ったり祈ったりするのではありません。それが、心から祈ること、主を愛することなのです。

キリストの十字架以降は、だれであれ自分自身を蔑んだり、自分の存在を不快に思ったりはできません。だれもがです。何をやったとしてもです。わたしたち一人ひとりの名が、キリストの肩に担がれているからです。イエスがわたしたちを担いでおられるのです。神の名を担ぐことは、すばらしいことです。神はどんなときにも、たとえわたしたちの中に悪があるときでも、わたしたちの名前を背負ってくださるからです。神はわたしたちをゆるし、ご自分の愛をわたしたちの心に注ぐために自ら背負われました。だから神は、このおきてで告げておられるのです。「わたしがあなたを担いでいるように、あなたもわたしを担ぎなさい」。

　だれもが、どんな状態にあろうとも、忠実であわれみ深い愛であるかた、主の聖なる名を呼び求めることができます。神は、ご自分を切に求める人の心に、決して「ノー」とはいわれません。では、宿題を忘れずに。子どもたちにちゃんとした十字架のしるしを教えてくださいね。

（二〇一八年八月二十二日、パウロ六世ホールにて）

安息日（一）

愛する兄弟姉妹の皆さん、おはようございます。

十戒を巡る旅は今日、安息日に関するおきてとなります。これは簡単に果たせそうなおきてに思えますが、それは間違いです。まともに休むことは容易ではありません。偽りの休息と真の休息とがあるからです。どうすればそれを見分けられるでしょうか。

現代社会は娯楽と休日を渇望しています。娯楽産業は非常に盛んで、広告は、皆が興じる巨大な娯楽場を理想世界として描いています。今日支配的なライフスタイルが重点を置くのは、仕事や責任ではなく逃避です。楽しんで満足するためにお金を稼ぐのです。幅広くさまざまな娯楽を自由に楽しめる余裕のある成功者がその理想像です。ところがこの精神風土は、娯楽によって麻痺した生活から生じる欲求不満に移行していきます。娯楽は休息ではなく、現実からの逃避だからです。現代ほど、人が休みを取れる時代はありませんが、現代ほど虚無感に襲われることもありません。気晴らしをしたり、外出したり、船旅をしたり、旅行に行ったりする機会はあっても、大抵は心から満足はできません。むしろ、休息にならないのです。

十戒のこのおきては、休息とは何であるかという問題に、異なる角度から光を当てることで、問題の核心を追求し、解明しています。このおきてには固有の要素があります。動機づけをしているのです。主のみ名において休息することには、厳密な理由があるのです。「六日の間に主は天と地と海とそこにあるすべてのものを造り、七日目に休まれたから、主は安息日を祝福して聖別されたのである」（出エジプト20・11）。

それは、主が次のようにいわれた天地創造の最後を指し示しています。「神はお造りになったすべてのものをごらんになった。見よ、それはきわめてよかった」（創世記1・31）。こうして安息日は始まりました。その日はご自分の造られたすべてのものに対する、神の喜びの日です。思い巡らし、祝福する日です。

では、このおきてでいう休息とは何でしょうか。それは思い巡らす機会であり、逃避ではなく賛美の時です。現実を見つめ、生きるとは何とすばらしいことかと、感嘆するのです。現実逃避としての休息に対し、おきては休息を現実の祝福と受け止めています。わたしたちキリスト者にとって、主の日、日曜日の中心は「感謝」を意味する、感謝の祭儀（ミサ）です。「主よ、感謝します。いのちを、あなたのいつくしみを、あなたがくださったすべての恵みを」と神に伝える日です。主日は、それ以外の日のことを忘れ去る日ではなく、それらの日々を思い起こし、感謝し、人生を肯定する日です。気晴らしの機会が多くとも、人生を肯定できずにいる人がいかに多いことでしょう。すばらしきかな人生。たとえ楽ではなく、つらい日があろうとも、すばらしきかな人生――そういって肯定する日が主日です。

真の休息へと導かれることはわたしたちの中におられる神のわざですが、そのためには、わたしたち自身が悪とその誘惑から離れなければなりません（使徒的勧告『福音の喜び』83参照）。実際、不満の理由を挙げ連ねて心を不幸にしてしまうのは、いとも簡単なことです。祝福と喜びは、成熟した心の働きである善への開きの表れです。善とは心のこもったものであり、押しつけられるものではありません。それは、選び取るものです。

安らぎは選び取るものです。押しつけられたり、偶然手に入るものではありません。自分の心の奥にある嫌な部分から目をそらしているならば、目を背けてきたものと和解しなければなりません。自分のこれまでの人生と、受け入れられずにいるものと、生きるうえで難しい部分とに対する、わだかまりを解消する必要があるのです。皆さんにお尋ねします。皆さん自身の人生に対するわだかまりを解いていますか。よく考えていただくための質問です。自分の人生をわだかまりなく受け入れていますか。事実、真の安らぎとは、自分の人生を変えることではなく、その人生をあるがままに受け入れ、その価値を認めることなのです。

病気を患いながらも、快楽主義者や享楽家には見られない落ち着きをもってわたしたちを慰めるキリスト者にいくたび出会ったことでしょう。わたしたちはまた、わずかな恵みにも、永遠に触れる幸福に結ばれるものとして歓喜する、つつましく貧しい人々を知っています。

申命記の中で主はいわれます。「わたしは……生と死、祝福と呪いをあなたの前に置く。あなたはいのちを選び、あなたもあなたの子孫もいのちを得るようにし……なさい」（30・19）。この選択は、おとめマリアの「そうなりますように（fiat）」であり、キリストの足跡の上にわたしたちを置いてくださる聖霊に心を開くことです。キリストはこのうえなく悲劇的な瞬間に御父にご自分を差し出し、それによって復活への道を歩まれるかたです。

どんなときに、人生はすばらしいものとなるでしょう。それは、それがどんなものであったとしても、自分の人生についてじっくり考え始めたときです。疑いというたまものが道を拓《ひら》くときです。すべてが恵みとなる道を[1]——。そしてこの聖なる厳かな思いは、不満足という心の壁を粉々に壊し、真の休息をもたらすのです。神の摂理に向けて心を開き、詩編作者のいうことが真実だと分かったとき、人生はすばらしいものとなります。「わたしの魂は沈黙して、ただ神に向かう」（詩編62・2）。詩編のこの句はとてもきれいですね。——「わたしの魂は沈黙して、ただ神に向かう」。

（二〇一八年九月五日、サンピエトロ広場にて）

注

（1）ジョルジュ・ベルナノス『田舎司祭の日記』で引用される、幼きイエスの聖テレジアのことばがこれを思い出させてくれる。

安息日（二）——解放の預言

愛する兄弟姉妹の皆さん、おはようございます。

今日の講話ではもう一度、第三のおきて、安息日に目を向けます。出エジプト記で発布された十戒は、ほぼ同じかたちで申命記の中で繰り返されますが、この第三のおきてだけは例外です。このおきてには、大きな違いが見られます。出エジプト記では、休息の目的は創造への感謝ですが、申命記では、奴隷の終わりの記念です。この日は、解放をもたらした過越の記念を祝うために、奴隷も主人と同じように休まなければなりません。

奴隷は、その名のとおり休むことができません。ですが奴隷状態には、内的なものにも外的なものにも、多くの種類があります。虐待、力づくであるいは他の不正義によって自由を奪われた生活といった、他からの強制があります。さらには内的なとらわれもあります。たとえばメンタルブロック、コンプレックス、性格的な限界、などです。このような状態に休息はあるでしょうか。閉じ込められた人や抑圧された人が、何らかの方法で自由になれるでしょうか。内的な困難に苦しんでいる人も自由になれるでしょうか。

　とらわれの身であっても、心はまったくの自由を生きる人たちがいます。たとえば、抑圧の暗闇を光の場に変えた、聖マキシミリアノ・コルベやヴァン・トゥアン枢機卿です。また、内的にとても弱くとも、あわれみによる休息を知り、それを伝えることのできる人たちもいます。神のあわれみが、わたしたちを自由にします。神のあわれみに出会えば、あなたは大きな心の自由を得、そしてそのことを伝えられるようになります。だから、自己につながれた奴隷とならないよう、神のいつくしみに開かれていることが大切なのです。

　では、真の自由とは何でしょう。選択の自由があることでしょうか。もちろんそれも自由の一部です。わたしたちはすべての人にその自由を保障するべく努力しています（第二バチカン公会議『現代世界憲章』73参照）。ですが、よくご存じのとおり、やりたいことができるというだけでは真の自由とはいえず、ましてや幸せでもありません。真の自由とは、それをはるかに超えたものです。

　実際に、監獄よりも、不安症よりも、他のいかなる強要のたぐいよりも自由を束縛する隷属状態があります。それは自我《エゴ》の奴隷になることです[1]。自分を見るために、一日中鏡をのぞきこんでいる人がそうです。しかもエゴは、その人の実体よりも背丈が高いのです。そうした人はエゴの奴隷です。エゴは、どこにいようとも人を苛《さいな》み、手ひどく抑圧する警吏となりえます。それは「罪」と呼ばれるもので、ただの規則違反ではなく、実存的過失であり、隷属状態です（ヨハネ8・34参照）[2]。罪とは究極的には、エゴの言動です。「わたしはこうしたい。制限があろうが、おきてがあろうが構わない。愛があるかどうかも気にしない」というのです。

　エゴ、たとえば激情について考えてみましょう。暴食、好色、強欲、短気、ねたみ、怠惰、傲慢などなど、横暴に人を苦しめる悪徳への隷属です。暴食に効く薬はありません。それは、満腹なのに空腹だと思い込ませる胃袋の猫かぶりだからです。猫をかぶった胃袋が、人を貪欲にします。わたしたちは偽善的な胃袋の奴隷です。快楽を求めずにはいられない暴食や好色は、尽きることがありません。所有への渇望は吝嗇《りんしょく》家を破滅させます。他者に痛みを加えても、しじゅう金をため込むからです。怒りの炎とねたみの虫は、人間関係をずたずたにします。作家たちはいいます。ねたみは、肺炎を患ったときに黄疸《おうだん》が現れるように、身体と心を土気色にしてしまいます。ねたむ人の心は、健全な心の新鮮さがないので、土気色です。ねたみは人をだめにします。

努力することをことごとく避ける怠慢は、生きていくことを不可能にします。利己主義《エゴイズム》——先ほど話したエゴ——は、自分と他者の間に深い溝を掘ります。

愛する兄弟姉妹の皆さん。では一体、だれが真に奴隷なのでしょうか。休むことのできない人とはだれでしょうか。愛することのできない人とはどんな人でしょうか。こうした悪徳、こうした罪、このような利己主義、そのすべてが、わたしたちを愛から引き離し、愛のない人に変えてしまいます。わたしたちは自分自身の奴隷で、愛することができずにいます。愛はつねに他の人に向けられるものだからです。

休息を通して解放を祝うよう招くこの第三のおきては、わたしたちキリスト者にとっては、罪への心の隷属状態を打ち破り、愛せるように人間を変えてくださる、主イエスの預言なのです。真の愛は真の自由です。それは、所有欲から解放し、人間関係を回復させ、他者を受け入れて尊重でき、苦労のすべてを喜びのたまものに変え、交わりを実現させます。愛はとらわれている人も、弱い人も、限界のある人も自由にします。

これこそが、わたしたちのあがない主、主イエス・キリストから受け取る自由です。

（二〇一八年九月十二日、サンピエトロ広場にて）

注

（1）「不従順や悪を選ぶことは自由の濫用であり、人を罪の奴隷と化していくものなのです」（『カトリック教会のカテキズム』1733）参照。

（2）「人間の自由には一定の限度があり、しかもそれは誤りやすいものです。事実、人間は誤りを犯しました。自由を濫用して罪を犯したのです。神の愛の計画を拒否して、自らを欺き、罪の奴隷となったのです。この最初の失敗が他の多くの失敗を生み出しました。人類史はその初めから、人間の心から生じた多くの不幸や抑圧というものは実は自由の濫用の結果である、ということを明らかにしています」（同1739）参照。

あなたの父母を敬いなさい

愛する兄弟姉妹の皆さん、おはようございます。

十のことば（十戒）の内側に分け入る旅は今日、父母に関するおきてに到達しました。親に払うべき相応の敬意についてです。「敬意」とは何でしょうか。ヘブライ語では栄光、価値を表し、文字どおりの意味は「重さ」、実際的な内容を指します。目に見えるかたちの問題ではなく、真実についての問題です。聖書では神を敬うことは、神の実際を認識すること、神がおられることを心に留めることを意味します。それは儀式によっても表されますが、何よりはっきり示されるのは、生活の中に神の場を正しく設けることによってです。したがって父母を敬うとは、献身、愛情、思いやりを示す具体的な行いも含めて、父母の大切さを認識することです。しかし、それだけではありません。

この第四のおきてには、独自の性質があります。つまり、結果が含まれている戒めなのです。こういっています。「あなたの父母を敬え。あなたの神、主が命じられたとおりに。そうすればあなたは、あなたの神、主が与えられる土地に長く生き、幸いを得る」（申命記5・16）。親を敬うことが、末永い幸福な人生につながるのです。「幸い」ということばは、十戒の中では、親との関係についてのみ用いられています。

この数千年の知恵は、人文科学が百年ほどかけて解明したこと――幼児期の影響は生涯にわたるものだということ――をはっきりと示しています。健全で良識ある環境で育ったかどうかは、大抵はすぐに分かります。ですが、育児放棄や虐待を受けたかどうかも、同じように分かります。幼児期は、消えないインクに少し似ています。いくら幼少期の傷を隠そうとしても、それは嗜好に、本性になって表れています。

ですが、この第四のおきては、それ以上のことをいっています。親が善良であるかどうかには触れず、父母は完璧であれと求めているわけでもありません。子ども側の行いについて――親の功績のいかんを問わず――をいうのであり、突拍子もないこと、解放となることについて述べています。たとえすべての親がよい親ではなく、すべての子どもが平穏に暮らせていないとしても、すべての子どもは幸せになれるはずです。なぜなら、満ち足りた幸せな人生を送れるかどうかは、この世界に自分を生んでくれた人に対するありがたさをしかと実感できるかどうかにかかっているからです。

痛ましい体験をした多くの若者や、幼少期に苦しみを受けたすべての人にとって、このおきてがどのように前向きなものとなりうるかについて、考えてみましょう。多くの聖人が、そしてとても多くのキリスト者が、つらい幼少期の後に明るく人生を歩みました。イエス・キリストゆえに、人生に対するわだかまりが解けたからです。今はまだ福者で来月聖人になる青年、福者スルプリッツィォのことを考えてみましょう。本当に多くを苦しみ、いろいろなことがありましたが、わだかまりから解放されて十九年の生涯を終えています。彼の心は澄みわたって穏やかで、決して親を否定しなかったからです。また、めちゃくちゃな幼少期を経て愛と奉仕の人生を築いた聖カミロ・デ・レリスのこと、ぞっとするような奴隷状態で育った聖ヨゼフィーナ・バキタ、みなしごで極貧だった福者カルロ・ニョッキのこと、そして幼いころに母を失った聖ヨハネ・パウロ二世のことも考えてみましょう。

人は、どんな身の上であろうとも、このおきてから、キリストへと至る方向づけを受け取ります。「上から生まれる」（ヨハネ3・3―8参照）ようにしてくださるまことの御父は、まさに、キリストにおいてご自分を明らかになさいます。あらゆる所業は神から与えられる使命ではありますが、神はどんなときでもご自分の子どもとしてわたしたちに人生を用意してくださると気づくときに、わたしたちの人生の暗号は解き明かされるのです。

わたしたちの傷が能力となって作用し始めるのは、真の暗号はもはや「なぜ」ではなく「だれのために」、だれのためにこれがわが身に起きたのかという視点が、恵みの力によってもてたときです。わたしの過去を通して、神がわたしを鍛錬なさったのはどんなわざのためなのか――。そうなれば、すべてが覆ります。どれも尊いものとなり、すべてが前向きになります。悲しく苦しいものであっても、わたしの経験は、愛の光に照らされて、他者のための、だれかのための、救いの源となるのではないか――。それに気づけたとき、アダルトチルドレン状態から解放され、親の限界をあわれに思って受け入れながら、彼らを尊べるようになるはずです[1]。

親を敬う――彼らが生んでくれたのです。親と離れているなら、努めて帰省してください。彼らのもとに帰ってあげてください。老いているでしょうし……。あなたに生を与えた人なのです。それから、わたしたちは、内輪で悪口をいったり、ののしったりするのに慣れてしまっていますが……。どうかお願いです。決して、決して、決して、他の人の親を侮辱しないでください。絶対にいけません。決して母を侮辱してはなりません。絶対に父を侮辱してはなりません。だめです。どうか絶対にやめてください。心に誓ってください。今日からこの先決して、お父さんお母さんを侮辱しないと誓ってください。彼らが生を与えてくれたのですよ。侮辱してはなりません。

　このすばらしいいのちは、与えられたのであって、押しつけられたのではありません。キリストにおいて新たに生まれることは、自由意志をもって受けることのできる恵みであり（ヨハネ1・11―13参照）、洗礼による宝です。洗礼により、聖霊のわざを通して、わたしたちには唯一の御父が、天の父だけがいるのです（マタイ23・9、一コリント8・6、エフェソ4・6参照）。ご清聴ありがとうございます。

（二〇一八年九月十九日、サンピエトロ広場にて）

注

（1）「それゆえキリストは、自分の親を退けるようあなたに教えながらも、彼らを愛するよう説いています。ですから、神より優先されないかぎり、親はしかるべく、忠実な思いで愛されるべきです。「わたしよりも父や母を愛する者――これは主がいったことばです――は、わたしにふさわしくない」。この言い方だと、父母を愛してはいけないと勧告しているかのようです。けれどもその逆で、イエスは父母を愛するよう促しているのです。事実イエスは、次のようにもいえたでしょう。「父や母を愛する者は、わたしにふさわしくない」。ですがそうはいわれませんでした。ご自分が与えた法に反することをいわないためです。ご自分のしもべモーセを介して、「あなたの父と母を敬いなさい」と書かれたおきてをお与えになったのは、まさにご自身だからです。イエスは対立する法を公布したのではなく、むしろモーセの法を保障したのです。ですからイエスは、優先順位を教えたのであり、親を愛するという義務を排除したのではありません。「わたしよりも父や母を愛する者は――」。つまり父母は愛さなければなりません、ですがそれ以上にわたしを愛しなさい――。神は神、人は人です。親を愛しなさい。親に従いなさい。親を敬いなさい。ただし、神があなたを、親への愛がその妨げとなるような重要な使命に招くことがあったなら、その優先順位を守り、愛を押さえつけてはならないのです」（聖アウグスティヌス『マタイによる福音書説教』72・A・4）参照。

殺してはならない（一）

愛する兄弟姉妹の皆さん、おはようございます。

今日の講話は「殺してはならない」という第五のことばについてです。第五のおきて、「殺してはならない」です。いよいよ、十戒の後半、隣人とのかかわりに関する部分に入りました。このおきては、簡潔に断言するその表現によって、人間関係における根本的な価値を守る壁としてそそり立っています。では、人間関係における基本的な価値とは何でしょうか。それはいのちの価値です[1]。だからこそ、「殺してはならない」のです。

いのちの軽視――この世で行われているあらゆる悪は、このことばに集約されるといえるでしょう。戦争、人間を搾取する組織――新聞やテレビニュースで多くの事実が伝えられています――、被造物を投機の対象とすること、使い捨て文化、さらには人間存在を都合よく支配するあらゆる構造によって、いのちは攻撃されています。そうして、考えられないほど大勢の人が、人間にふさわしいとはいえない状況で生きています。これはいのちの侮蔑であり、ある意味での殺人です。

矛盾する取り組みにより、母胎の人間のいのちをあやめることも、別の権利の擁護という名目によって許容されています。しかし、罪のない、身を守るすべをもたないいのちを、始まりの段階で抹殺することが、どうして治療的、文明的、あるいは単純に人間的でありえるでしょうか。皆さんにお尋ねします。何らかの問題解決のために、人命を「消す」のは正しいことですか。問題解決のためにと、殺し屋の手を借りるのは正しいことですか。まさか。問題解決のために、どれほど小さかろうとも、人間を「消す」のは、間違ったことです。それは、解決のためにと殺し屋を雇うようなものです。

こうしたことすべては、どのようなことから生まれるのでしょう。いのちへの暴力と排除は、そもそもどこから生じるのでしょうか。恐れからです。個人主義にとって、他者を受け入れることが挑戦であるのは事実です。たとえば、生まれてくるいのちに障害がある、しかもそれが重い障害であると判明したときのことを考えてみましょう。このような非常につらい状況にある親には、起こりうる恐怖を乗り越えて現実に向き合うために、本当の寄り添い、真の共感が必要です。ところが彼らは多くの場合、軽率なアドバイスによって、中絶を促されます。「妊娠の継続を中止する」という言い方がされますが、単刀直入にいえば「一人の人を消す」のです。

　病気の子どもは、地上のあらゆる困窮者、介護が必要な高齢者、なんとか細々と暮らしている多くの貧しい人と同じく、厄介な存在のように見えても、実は、神からの贈り物なのです。自己中心主義から引きはがし、愛のうちに成長させてくれる存在です。脆弱ないのちは、わたしたちに出口を、閉じこもる人生から救われて、愛の喜びを見いだす道を教えてくれます。ここで感謝をお伝えしたいと思います。たくさんのボランティアの皆さん、ありがとうございます。懸命に努めておられるイタリアのボランティア団体に感謝します。こんなに熱心なかたがたには、お目にかかったことがありません。感謝です。

　何が、人にいのちを否《いな》ませるのでしょうか。この世の偶像がです。お金――費用がかかるからこれを始末しよう――、権力、成功という偶像です。これらは、いのちの価値を量るには誤った判断基準です。いのちを量る正確な基準は何でしょう。愛です。神が愛するときの愛です。神がいのちを愛してくださるときの愛です。それが基準です。神が人間一人ひとりのいのちを愛してくださる、その愛です。

　では、「殺してはならない」ということばの前向きな意味は何でしょう。先ほど聖書朗読で聞いたように、神は「いのちを愛される」かただということです。

いのちの秘密は、神の独り子のいのちとのかかわり方を通して明らかにされます。御子は人となられ、十字架に至るまで、拒絶、弱さ、貧しさ、苦しみを身に受けられました（ヨハネ13・1参照）。病気の子一人ひとりの中で、弱っている高齢者一人ひとりの中で、絶望する移住者それぞれの中で、社会的に弱い立場でいのちが脅かされている人一人ひとりの中で、キリストはわたしたちを探しておられます（マタイ25・34－46参照）。愛の喜びへと開かれるよう、わたしたちの心を求めておられます。

すべての人が、キリストご自身の血に値するのですから（一ペトロ1・18－19参照）、すべてのいのちは受け入れるに値する価値があります。神がこんなにも愛しておられるものを、軽んじることなどできません。

世界中の人々に喚起しましょう。いのちを軽んじてはなりません。他者のいのちのみならず、自分自身のいのちもです。「殺してはならない」というおきては、自分自身にも当てはまるからです。多くの若者に告げなければなりません。「君という存在を粗末にしてはならない。神のわざをはねつけるのはやめなさい。君は神の作品です。自分を過小評価しないでください。君をだめにし、死に追いやる依存によって、君自身を軽んじるのはやめてください」。

この世の欺瞞でいのちを値踏みされる人がいなくなりますように。むしろ、わたしたちを造ってくださった御父の名によって、一人ひとりが自分自身と他者とを受け入れることができますように。御父は「いのちを愛される」かたです。すばらしい。「神はいのちを愛されるかた」。だれもが、神にとって本当にかわいい子どもです。だから神は、その独り子をわたしたちのために遣わしてくださったのです。福音にあるとおりです。「神は、その独り子をお与えになったほどに、世を愛された。独り子を信じる者が一人も滅びないで、永遠のいのちを得るためである」（ヨハネ3・16）。

（二〇一八年十月十日、サンピエトロ広場にて）

注

（1）「人間の生命が神聖であるのは、それが初めから「神の創造のわざ」の結果であり、また、その唯一の目標である創造主と永久に特別な関係を保ち続けるからである。神のみが、生命の初めから終わりまでの主である。たとえどんな状況にあったとしても、無害な人間を意図的に破壊する権利を主張することは、だれにもできない」（教皇庁教理省『生命のはじまりに関する教書』「序文」五：AAS 80 [1988], 76-77 参照）。

殺してはならない（二）――イエスの教え

愛する兄弟姉妹の皆さん、おはようございます。

今日も十戒の第五のことば、「殺してはならない」に関する講話を続けます。前回、神から見れば人間のいのちは尊く、神聖で、不可侵なものだと、このおきては明らかにしていると強調しました。何人も、他者のいのちと自分のいのちを、決してないがしろにしてはなりません。人間はまさに、自らのうちに神の似姿を宿しており、生きるために呼ばれた場がどのような境遇であろうとも、神の永遠の愛の対象だからです。

先ほど読まれた福音の箇所でイエスは、このおきてのより深い意味を明かしておられます。神の審判では、兄弟姉妹へ向けた憎しみも一種の殺人なのだとイエスは述べます。だから使徒ヨハネは「兄弟を憎む者は皆、人殺しです」（一ヨハネ3・15）と書くのです。ところがイエスはそれにとどめず、同じ論理をもって、侮辱や軽視によっても殺すことができると付け加えています。侮辱することにわたしたちが慣れてしまっているのは事実です。呼吸するように悪口が出てきます。だからイエスはこういわれます。「やめなさい。悪口は傷つけること、殺すことです」。侮辱すること――。「いや、わたしはこの人たちが、あの人が嫌いです」。これは、人の尊厳を抹殺することばです。イエスの教えが頭と心に入り、わたしたち一人ひとりが「決して人の悪口をいわない」といえたなら、どんなによいでしょう。それはすばらしい覚悟です。「いいですか。軽蔑すること、悪口をいうこと、憎むこと、それは人殺しです」と、イエスが教えておられるからです。

人間のもつ法では、こうした異なる行為を同等とみなして、同一の判断基準を当てはめることはありません。そしてイエスは、もし兄弟を自分の反目者として侮辱した覚えがあるなら、神殿でいけにえをささげるのではなく、その人を探しにいって和解しなさいと、一貫して呼びかけておられます。わたしたちもミサに行く際には、自分とうまくいっていない人と和解する、そうした姿勢でいるべきです。心の中でその人に悪意を抱くだけでも、侮辱することになります。ところがわたしたちは、ミサをささげる司祭の入堂を待つ間、しょっちゅう、こそこそうわさをしたり、悪口をいったりします。それは、してはならないことです。侮辱、軽蔑、憎しみの重大さを考えてください。それらは殺人と同じだと、イエスはいっておられます。

イエスが第五のことばの範囲をここまで広げることには、どんな意味があるのでしょう。人間には、高貴で、とても敏感ないのちがあり、その身体的存在に劣らず重要な、隠された「自己」があります。事実、ひどいことば遣いだけで、あどけない子どもは傷つきます。そっけない態度だけで、女性は傷つきます。信頼を裏切るだけで、若者の心は折れてしまいます。無視するだけで、人は息の根を止められます。無関心は人を殺します。それは相手に向かって「わたしから見れば、あなたは死人同然」というようなものです。無視することは、心の中でその人を殺すことだからです。愛さないことは、人殺しへの第一歩です。殺さないとは、愛することへの第一歩なのです。

聖書の初めの書には、最初の殺人であるカインの口から出た恐ろしいことばが記されています。主が弟はどこにいるかと尋ねると、カインは答えます。「知りません。わたしは弟の番人でしょうか」（創世記4・9）[1]。これが殺人者の言いぐさです。「わたしには関係ない」であったり、「あなたが何とかしなさい」などです。わたしは弟の番人でしょうか――この問いに答えようではありませんか。そうです。もちろんです。わたしたちは互いに世話をし合うのです。そして、これこそがいのちへの道です。人を殺さない道なのです。

人間のいのちには愛が必要です。では本物の愛とは何でしょうか。それは、キリストが示してくださったもの、すなわち、あわれみです。それなしではいられないものである愛とは、ゆるすもの、嫌な思いをさせられた相手を受け入れるものなのです。わたしたちのだれもが、あわれみを受けずには生きていけません。だれしも、ゆるされなければやっていけません。ですから、殺すとは、人を破滅させること、除《の》け者にすること、葬り去ることであり、それゆえ、殺さないとは、気遣うこと、大切に尊ぶこと、仲間に加えることです。そしてさらには、ゆるすことをも意味しています。

「何も悪いことをしていないから、わたしは大丈夫」と考えてごまかしてはなりません。無機物や植物ならそうかもしれませんが、人間は違います。男も女も、人間は、そうではありません。それ以上のものが、人間には求められています。わたしたちめいめいに、自分だけのものとして、それによって本当の自分になるための、なすべきよい行いが用意されているのです。「殺してはならない」——、これは、愛しなさい、そして思いやりをもちなさいという訴えであり、わたしたちのためにいのちをささげ、わたしたちのために復活された主イエスに従って生きなさいとの呼びかけです。ここで、これを実践した聖人のことばを、一緒にこの広場で声に出してみましょう。励まされるはずです。「悪をなさずは善。されど善をなさずは善ならず」。わたしたちはいつでも、よいことをしているべきなのです。もっと先へ歩み出しましょう。

人となって、わたしたちという存在を聖としてくださったかた、ご自分の血によって、はかりしれないほど尊いものをもたらしてくださったかた、「いのちへの導き手」（使徒言行録3・15）であるかた、この主のおかげで、一人ひとりが御父のたまものとなっているのです。主のうちに、死よりも強い主の愛のうちにあって、そして御父が与えてくださった聖霊の力によって、「殺してはならない」ということばを、もっとも重要な、絶対に欠くことのできない呼びかけとして受けとめることができるのです。すなわち殺すなとは、愛せよという呼びかけなのです。

（二〇一八年十月十七日、サンピエトロ広場にて）

注

（1）「聖書は、兄のカインが弟のアベルを殺害した物語で、すでに人類史の初めから、人間には原罪の結果である怒りや欲望があったことを明らかにしています。人間は人間の敵となりました。神は弟殺しの凶悪さについて、次のようにいわれます。「何ということをしたのか。お前の弟の血が土の中からわたしに向かって叫んでいる。今、お前はのろわれる者となった。お前が流した弟の血を、口を開けて飲み込んだ土よりもなお、のろわれる」（創世記4・10―11）」（『カトリック教会のカテキズム』2259）参照。

婚姻（一）——姦淫してはならない

愛する兄弟姉妹の皆さん、おはようございます。

十戒に関する連続講話は、今日、第六のことばに入ります。感情的・性的次元にかかわるもので、「姦淫してはならない」と規定しています。

直ちに求められるのは忠実さです。まさしく、忠実さと誠実さがなければ、偽りのない人間関係は成り立ちません。

「いい思いをしている」かぎりは愛せる、というのではいけません。愛はまさしく、見返りを求めず、無条件ですべてをささげるときに現れ出ます。『カトリック教会のカテキズム』に記されているとおりです。「愛は決定的であるはずです。「とりあえず」ということはありえません」（1646）。忠実さは、自由で成熟した責任を伴う人間関係の特徴です。友情もまた、本物の忠実さを示します。どんな状況にあっても変わらないからです。そうでなければ、友ではありません。キリストは本物の愛を示しておられます。御父の限りない愛に生きるキリストは、その本物の愛の力によって、わたしたちが過ちを犯したときでも受け入れてくださり、いつでもわたしたちのために幸せを願っておられる忠実な友でいてくださいます。たとえわたしたちがその幸せを得るにふさわしくなくてもです。

人間は無条件に愛される必要があります。そのように受け入れられていない人は、しばしば無自覚に、ある種のすき間を抱えています。人間の心は、そのすき間を代わりのもので埋めようとして、かすかに愛のような香りがするだけのもので折り合いをつけたり、妥協したりすることを受け入れてしまいます。危険なのは、まだ青く未熟な関係性を「愛」と呼ぶことです。せいぜい反射している光でしかないのに、そこにいのちの光を見つけたと錯覚してしまうのです。

そうなると、たとえば、肉体的な魅力を過剰に評価してしまいます。その魅力自体は神からの贈り物ですが、ただそれは、その人との、本物の忠実な関係へと導く道の前段階に過ぎません。聖ヨハネ・パウロ二世が述べていたように、人間は、「自発性を基とする関係性を、完全なもの、成熟したものとするよう招かれています」。そうした関係性は、「自分の心にわき上がる衝動の識別を重ねて、少しずつ実るものです」。つかみ取っていくものです。すべての人が「肉体が意味するものを、粘り強く、実直に学ばなければならない」（「一般謁見講話（一九八〇年十一月十二日）」参照）からです。

ですから結婚生活への召命には、関係の質を見極める慎重な識別と、それを確認するための婚約期間が必要です。結婚の秘跡を受けるには、婚約しているカップルは、その結びつきには神の手が触れていること、神が二人を導き、二人に寄り添っておられ、二人が「キリストの恵みを得、わたしは生涯、忠実を尽くすことを誓います」といえるようにしてくださるという確信を深めなければなりません。善意や、「うまくいく」という期待だけでは、「順境にあっても逆境にあっても、病気のときも健康のときも」忠実で、生涯日々愛し敬い合うと、誓うことはできません。神の忠実な愛という揺るがぬ土台を基礎とする必要があります。そのためには、結婚の秘跡を受ける前に、入念な準備が必要です。それは信仰の手ほどきともいえます。生涯を愛に賭《か》けるのであって、愛と戯れるのではないからです。小教区で行われる三、四回程度の集いを、「結婚の準備」とはいえません。そんなのは準備ではありません。うわべだけの準備です。それに携わる人には責任があります。小教区の司祭や、そうした準備講座を許可した司教にです。準備は念入りに時間をかけて行わなければなりません。形式的なものではありません。秘跡です。真の信仰養成をもって準備すべきものです。

忠実さとは、まさに、生き方であり、生きざまです。誠実に働き、真心から語り、自分の思いと行動を通して、真理に忠実であり続けることです。忠実さによって織りなされた生き方はあらゆる側面に表れ、それにより、その人はどんな状況にあっても、忠実で信頼できる人となります。

けれどもそうしたすばらしい生き方ができるようになるには、人間のもつ性質だけでは足りません。神の忠実さが、わたしたちの中に入り、わたしたちに浸透する必要があります。この第六のことばは、キリストに目を向けなさいとわたしたちを招いています。キリストは、ご自分の忠実さによってわたしたちから淫らな心を除き、忠実な心を与えてくださるかたです。キリストに、ただキリストにのみ、無条件で心変わりのない愛と、留保抜きの完全なる贈与と、どこまでも受け入れてくださる粘り強さがあるのです。

キリストの死と復活に、わたしたちの忠実さは由来しています。キリストの無条件の愛に、かかわりの堅固さは由来しています。わたしたちの間の交わりと、きずなを忠実に保つ知恵とは、キリストとの交わり、御父との交わり、聖霊との交わりに由来するのです。

（二〇一八年十月二十四日、サンピエトロ広場にて）

婚姻（二）――夫婦の召し出しは キリストのうちに完成を見る

愛する兄弟姉妹の皆さん、おはようございます。

今日は、キリストの忠実な愛こそが、人間の情感がもつすばらしさを味わうための光となることに焦点を当てながら、「姦淫してはならない」という十戒の第六のことばについての講話を完了したいと思います。事実、わたしたちの情緒的な部分は、忠実さ、受容、思いやりとして示される、愛への招きにほかなりません。これはとても重要なことです。愛はどのように示されるのか。忠実さ、受容、思いやりとなって示されるのです。

ですが、このおきてが指すのは明らかに婚姻における忠実さであることを忘れてはなりません。ですから、夫婦の意味についてさらに考察を深めるのはふさわしいことです。今日の聖書箇所、聖パウロの手紙のこの箇所（エフェソ5・25、28、31―32参照）

は、なんと革新的なのでしょう。人類学的に当時のことを考えてもみてください。キリストが教会を愛するように、夫は妻を愛すべきだといっているのです。まったく革新的です。当時結婚について語られたものの中で、おそらくもっとも革新的なものでしょう。愛の道にとどまり続けることです。疑問に思うかもしれません。忠実さを求めるこのおきては、だれに向けられているのか――。結婚している人に対してだけなのでしょうか。このおきてはまさに、すべての人に向けられています。男も女も一人ひとりにあてられた、父としての神のことばです。

　人間の成熟への旅は、愛と同じ道をたどるのだということを覚えておきましょう。気遣いをしてもらうところから気遣いができるところへと、いのちを受けるところからいのちを与えるところへと進む、愛の道です。大人になるということは、夫や妻として、そして親として生きるということです。生活の状況はさまざまですが、他者への責任を負い、相手を一途に愛することができるといったこととして現れる生き方です。なので、現実を受け止めることのできる人、他者と深くかかわることのできる人のもっている、全般的な姿勢です。

　それでは、姦淫する人、淫行する人、不義の人とはどんな人なのでしょう。自分のためにしか生きられず、自分の幸と満足をもってしか状況を判断できない未熟な人です。だから、結婚するには、式を挙げるだけではだめなのです。〝わたし〟から〝わたしたち〟へと歩まなければなりません。〝一人で考える〟から〝二人で考える〟に、〝一人で生きていく〟から〝二人で生きる〟になるためです。それは美しい歩みです。すばらしい旅です。自分中心主義から脱することができたら、どの行動も結婚にふさわしいものとなります。受容と自己犠牲の姿勢で、働き、話し、決断し、他者と出会うようになるのです。

その意味で、キリスト者の召命はそのどれもが婚姻的です。見方を広げれば、すべてのキリスト者の召命がそうです。司祭職もそうです。キリストと教会において、愛情のすべてを込め、具体的な心配りと、主から授かった知恵とをもって、共同体に仕えなさいという呼びかけだからです。教会には、司祭の役にあこがれる志願者は要りません。結構です。そういう人は役に立たないので、家にいてもらったほうがありがたい。そうではなく、聖霊に心を動かされた、キリストの花嫁である教会への無条件の愛をもつ人が必要なのです。司祭職を通して、伴侶であり父である者としての、父性、優しさ、強さをもって、神の民を愛するのです。ですからキリストにおいて奉献された貞潔もまた、結婚の結びつきとして、生み出す者である母として父として、それを忠実に喜んで生きるのです。

繰り返しますが、キリスト者の召命はどれも婚姻的です。わたしたち皆がその中に新たに生み出される愛のきずなの実りであり、最初に読まれたパウロの箇所が思い起こさせてくれたように、キリストとの愛のきずなの実りだからです。キリストの忠実さ、キリストの優しさ、キリストの寛大さがあって、わたしたちは結婚もすべての召命も信仰の目で考え、性の意味をしっかりと理解するのです。

心と肉体が分かちがたく結ばれていて、男性性と女性性という両極を備えた人間という被造物は、愛し愛されることを運命づけられた、すばらしい存在なのです。人間の肉体は快楽のための道具ではなく、愛へとわたしたちを招く場です。本物の愛には、情欲や、うわべの愛が入る余地はありません。男と女にはそれ以上の価値があります。

このようなわけで、「姦淫してはならない」というおきては、否定文の形を取っているものの、わたしたちの本性にかかわる呼びかけへと導いています。すなわちそれは、イエスが明らかにし与えてくださった、夫婦の欠けるところなく忠実な愛への呼びかけなのです（ローマ12・1参照）。

（二〇一八年十月三十一日、サンピエトロ広場にて）

盗んではならない

愛する兄弟姉妹の皆さん、おはようございます。

十戒の解説を続けていますが、今日は第七のことば、「盗んではならない」に入ります。

このおきてを聞くとわたしたちは、盗みというテーマや、他者の所有物の尊重について考えます。物を盗むことや悪用することが合法である文化はありません。実際に人間の感覚は、所有物を守ることに対して非常に敏感です。

ですが、キリスト教の知恵に照らして財の所有というテーマに焦点を当て、このおきてをもっと広い意味で読むことにも価値があります。

教会の社会教説は財貨が万人のためにあるという原理について述べています。どういうことでしょうか。『カトリック教会のカテキズム』が説くことを聞いてみましょう。「初めに、神は地とその産物とを人類の共同の管理にゆだね、人類がそれに手を加え、労働によって支配し、その実りを得るようにはからわれました。創造されたものは全人類のためのものです」（2402）。「たとえ共通善の促進という目的のために私有財産やその権利、ならびにその行使の尊重が求められているとしても、つねに第一に優先されなければならないのは、財貨の普遍的使用目的です」（2403[1]）。

ただし、神の摂理は、「大量生産」で世界を整えたのではありません。違いが存在し、多様な状況、さまざまな文化があるからこそ、互いに支え合いながら生きられるのです。世界は、生活に必要な物資をすべての人に確保できる資源を備えています。にもかかわらず、大勢の人が考えられないほどの極貧にあって、資源は見境なく消費されて枯渇しています。いいですか、世界はただ一つしかないのです。人類はただ一つです[2]。今日、世界の富はごく少数の人の手に握られており、貧困と苦悩とは、多数の、大勢の側にあります。

地上に飢餓が存在するのは、食糧が不足しているからではありません。市場の過剰な要望に応じて、食品が無駄にされて、廃棄されることもあるのです。欠けているのは、余剰生産を行わないことを確約する先の見通せる企業と、公正な分配を確約する連帯の発想です。『カトリック教会のカテキズム』もいっています。「人間は、富の使用に際して、自分が正当に所有している富も単に自分のものとしてだけでなく、共同のもの、すなわち富が自分だけでなく他人にも役立ちうるという意味において共同のものであると考えなければならない」(2404)。どんな富も、それがよいものとなるためには、社会的側面をもたなければなりません。

　こうした観点からは、「盗んではならない」というおきての前向きで広い意味が見えてきます。「ある財貨を所有するということはその所有者が神の摂理の管理者にされるということです」(同)。財貨の絶対的な所有者である人などいません。だれもが財貨の管理者です。所有することは責任を負うことです。「ですが、わたしは何でもふんだんにもっていますよ」。――それは、あなたに課せられた責任です。神の摂理の論理に相いれない富はすべて、裏切るものです。もっとも深い意味において裏切るのです。真に所有するものは、与えることのできるものです。これこそが、富の管理のよしあしを判断する基準です。真に所有するものは、与えることができるもの――このことばは重要です。与えることができるなら、心を開けるなら、所有しているものについて豊かであるだけでなく、寛大さ――富を分け与える義務としての寛大さ――においても豊かであるなら、皆でそれを共有できるのです。事実、もし何らかのものを差し出すことができないなら、それは、自分がそれに所有され支配され、その奴隷となっているからです。富の所有は、創造性をもってその富を増やして寛大に用い、愛と自由を成長させる好機です。

キリストご自身も、神であられながらも、「神と等しい者であることに固執しようとは思わず、かえって自分を無にして」（フィリピ2・6—7）、自らの貧しさによってわたしたちを豊かにしてくださいました（二コリント8・9参照）。

人間がより多く所有しようと焦る間に、神はご自分を貧しくなさることで人間をあがなってくださいます。人となって十字架にかけられた神は、すべての人のために、「あわれみ豊かな」（エフェソ2・4。ヤコブ5・11参照）父なる神の側に立って、はかりしれない額であがなってくださいました。わたしたちを豊かにするのは財ではなく愛です。「悪魔は懐から入り込む」との神のことばを何度も耳にしてきました。それはお金への執着、所有欲から始まり、そこからうぬぼれとなります。「ほほほ。わたしはお金持ち。それが自慢なの」となり、ついには、高慢、傲慢となります。これが、わたしたちに対する悪魔のやり方です。まったくもって、入り口は懐なのです。

愛する兄弟姉妹の皆さん。今再び、イエス・キリストは聖書の示す完全な意味を明らかにしてくださいます。「盗んではならない」とは、あなたの富を用いて愛しなさい、あなたがもつ手段を可能なかぎり愛のために使いなさい、ということです。そうすれば人生はすばらしいものとなり、所有する財は真の贈り物となります。人生とは、所有するための時間ではなく、愛するための時間なのです。ご清聴ありがとうございます。

（二〇一八年十一月七日、サンピエトロ広場にて）

注

（1）「各共同体は、生存に必要なものなら何でも大地の恵みからいただくことができますが、大地を保護し、その豊饒さを将来世代のために確保する義務を有してもいます。「地は主のもの」（詩編24・1）であり、「地と地にあるすべてのもの」（申命記10・14）は主に属します。こうして神は、絶対的な所有権を要求するあらゆる権利主張を退けられます。「土地を売らねばならないときにも、土地を買い戻す権利を放棄してはならない。土地はわたしのものであり、あなたたちはわたしの土地に寄留し、滞在する者にすぎない」（レビ25・23）とあるとおりです」（回勅『ラウダート・シ』67）参照。

（2）「しかし個人はまた社会の一員でもあります。したがって全人類に帰属しています。こうした全体の発展に招かれているのは、あの人やこの人という特定の人だけでなく、すべての人間なのです。……わたしたちには、過去の世代の後継者、また同時代に生きる仲間たちの恩恵にあずかる者として、すべての人に対する義務があります。

ですから、わたしたちの後にやってきて人類家族を大きくする者たちについても、無関心ではいられません。人類普遍の連帯は、わたしたちにとって揺るがぬ事実であり恵みで、同時に義務でもあるのです」（教皇パウロ六世回勅『ポプロールム・プログレシオ』17）参照。

「偽証してはならない」

愛する兄弟姉妹の皆さん、おはようございます。

今日の講話は、十戒の第八のことば「隣人に関して偽証してはならない」についてです。

このおきては『カトリック教会のカテキズム』にいわく、「他人とのかかわりの中で真実を歪曲《わいきょく》することを禁じます」（2464）。まっとうではない交際《コミュニケーション》は、関係をこじらせ、それによって愛をふさいでしまうため、深刻な問題です。偽りのあるところに愛はありません。愛があるわけがないのです。人間どうしのコミュニケーションといったとき、それはことばでのやり取りだけではなく、行為、態度、さらには無視や放置をも指しています。人は、自分の存在と行為のすべてを通して語っています。わたしたちはつねにコミュニケーションをもっています。人は皆、コミュニケーションを取りながら生きており、真理と嘘の境をさまよい続けています。

では、本当のことをいう、とはどういうことでしょうか。それは隠し事をしないことでしょうか。正確に話すことでしょうか。実際のところ、それがすべてではありません。なぜなら、単に間違っている場合もあれば、詳細は正確でも全体のニュアンスが理解できていない場合もあるからです。「感じたことを述べたまでです」といって、自分を正当化することがあります。そうなのでしょう。でも、あなたの見方が絶対なのではありません。あるいは、「本当のことをいっただけ！」ということもあります。そうかもしれません。でも、プライバシーや、守られるべきものを暴いてしまったのではないですか。どれだけの陰口が、配慮やデリカシーを欠いたことで、コミュニケーションをだめにしてきたことでしょう。陰口は人を殺します。使徒ヤコブがその手紙でいっています。口の軽い人は人殺しです。おしゃべりな人は他の人を殺します。ナイフのように舌で切り殺すのです。気をつけてください。ぺらぺらうわさをばらまく人は、テロリストも同然です。舌で爆弾を投げては何食わぬ顔で立ち去りますが、そのしゃべられた爆弾で、だれかの名を傷つけているのです。忘れてはなりません。陰口は人を殺します。

　では一体、真理とは何でしょう。これはピラトが、イエスが彼の前に立って第八のおきてを果たした際に尋ねた問いです（ヨハネ18・38参照）。確かに、この「隣人に関して偽証してはならない」というおきてには、法廷用語の雰囲気があります。福音は、イエスの受難と死と復活の物語で頂点に達しますが、それは裁判、刑の執行、前代未聞の結末の物語でもあります。

ピラトに尋問され、イエスは答えます。「わたしは真理についてあかしをするために生まれ、そのためにこの世に来た」（ヨハネ18・37）。イエスはその「あかし」を、ご自分の受難と死によって行います。福音記者マルコは次のように語っています。「百人隊長がイエスのほうを向いて、そばに立っていた。そして、イエスがこのように息を引き取られたのを見て、「本当に、この人は神の子だった」といった」（15・39）。そうです。イエスは言行が一致しておられ、ぶれておられなかったからです。イエスは、ご自分の死の姿を通して、御父と、そのあわれみ深く忠実な愛を明らかになさったのです。

真理は、まさしくイエスご自身において完全に具現化します（ヨハネ14・6参照）。御父とご自分とのかかわりの実りである、その生きざまと死を迎える姿においてです。わたしたちは神の子どもである、という真理です。このかた、復活したかたは、わたしたちにもその真理を与えてくださいます。そして真理の霊であり、神はわたしたちのお父さんだということを心にあかしする、聖霊を送ってくださいます（ローマ8・16

参照）。

人は、なす行為すべてによって、この真実を肯定したり否定したりします。日常の些細《ささい》なことから、重大な判断に至るまでです。ただ、根底にある考え方は、変わることはありません。嘘をついてはいけないよということばで、親や祖父母が教えてくれたことです。

振り返ってみましょう。わたしたちキリスト者の行動、ことば、選択は、どんな真理を立証しているでしょうか。各自振り返ってみましょう。自分は真理のあかし人でいるだろうか。それとも多少の差はあれ、真実を歪《ゆが》めて嘘をついているのか。めいめい、考えてみてください。キリスト者は、飛び抜けて優れた人というわけではありません。ただし、天の御父の子らです。御父は優しく、わたしたちを決して失望させず、心に兄弟姉妹への愛を注いでくださるかたです。この真実は、ことばで説明し尽くされるものではなく、むしろ生きざまであり、生き方であり、一挙一動を通して目に見えるものとなるのです（ヤコブ2・18参照）。この人は本物だ、このかたは本当のことを示している――それがはっきりと見て取れるのです。でもなぜ、口を開かずとも、それが外に示されるのでしょう。真実なる者として行動するからです。振る舞いが真理を語るのです。それが、わたしたちにとっての最高の生き方です。

真理とは、神の、御父のみ顔の、輝かしい啓示であり、神の限りない愛のことです。この真理は、人間の理性に通じるものではありますが、それをはるかに超越しています。十字架につけられて復活したキリストにおいて地上に降《くだ》って、具体化されたたまものだからです。それに属し、その同じ性質を表している人によって、目に見えるようになるものです。

偽証してはならないとは、つまりは神の子どもとして生きなさい、ということなのです。決して、絶対に、神の子どもであることを否《いな》まない、決して偽らないことです。そのかたの子どもとして生き、この偉大な真理――神は父であり、わたしたちはそのかたを信頼している――を一つ一つの行動で表すことです。わたしは神を信頼しています――これこそ偉大な真理です。わたしを愛し、わたしたちを愛してくださるお父さんである神への信頼から、わたしの真理が、嘘つきではなく真理を語る者が生まれるのです。

（二〇一八年十一月十四日、サンピエトロ広場にて）

人の配偶者を欲してはならない、人の財産を欲してはならない

愛する兄弟姉妹の皆さん、おはようございます。

十戒に関するこの集まりは今日、最後のおきてになります。先ほど読まれた箇所です。これは、十戒の最後のことばであるばかりか、もっと深い意味があります。それを授けられたすべての人の心に触れながら、十戒を通した旅を締めくくります。実際、よく見れば、新しい内容は加えられていないことが分かります。「隣人の妻を欲してはならない」も、「隣人のものをいっさい欲してはならない」も、姦淫と盗みに関するおきてに含まれます。それでは一体、このことばにはどんな役割があるのでしょうか。単なるまとめでしょうか。それ以上の意味があるのでしょうか。

十戒のおきてにはどれも、生きるうえでの境を示す役目があるということを、覚えておいてください。その境を越えてしまうと、人は自分自身と隣人を損ない、神との

結びつきを台なしにしてしまいます。その一線を越えてしまうと、人は自らを滅ぼし、神との関係、隣人との関係が壊れてしまいます。十戒はそれを警告しています。この最後のことばで強調されているのは、違反はどれも内部の同じ根から生じるということです。――悪い欲です。どんな罪も悪い望みから生じます。すべてです。そうなると心が揺れ動き始め、その波にのまれて、道を外れてしまうのです。しかも形式的、法的な違反ではありません。自分と他者とを傷つける違反です。

　イエスは福音の中ではっきりと述べています。「中から、つまり人間の心から、悪い思いが出て来るからである。みだらな行い、盗み、殺意、姦淫、貪欲、悪意、詐欺、好色、ねたみ、悪口《あっこう》、傲慢、無分別など、これらの悪はみな中から出て来て、人を汚すのである」（マルコ7・21―23）。

　これでわたしたちは、十戒がそのレベル――つまり人間の心――に触れないかぎりは、十戒を守る歩みはすっかり無意味になってしまうことを理解します。こうした悪いものは、どこから来るのでしょうか。このおきては、その点について明確であり深遠です。それは、この歩みの到達点――最後のおきて――は心だということ、そしてもしそれが、心が解放されないのであれば、他のことはほとんど無意味になる、ということです。これら悪いものや非道なことすべてから心が解放されること、それこそが果たすべきことです。神の戒めが、人生の美しいファサードでしかなくなってしまうこともあるでしょう。神の子どもにはなれず、奴隷の生き方をしたままでいるのです。清廉潔白なファリサイ派の仮面の裏には、往々にして、醜い、いやされていない部分が隠れています。

そうならずに、欲望についてのこれらのおきてによって、自らの仮面が取り除かれるようにしなければなりません。それらのおきてはわたしたちの貧しさを明らかにし、敬虔な謙虚さへと導いてくれるのです。それぞれ心に問うてみましょう。自分が抱きがちな悪い欲望は何だろうか。ねたみだろうか、貪欲だろうか、陰口だろうか。このどれもが、自分の中から生じるものです。それぞれが振り返るべきで、それは本人のためになります。人間にはこの敬虔な謙虚さが必要です。謙虚になることで、自力では自分を解放できない非力を自覚し、救われたいと、神に向かって声を上げるからです。聖パウロは、むさぼるなというおきてに言及することで、最上の表現でそのことを説明しています（ローマ7・7―24参照）。

聖霊のたまものがなくても自らを正すことができると考えるのは、意味のないことです。意志さえあれば、懸命の努力で心を清められると考えるのは、むなしいことです。それは不可能です。わたしたちは、神との交わりに、本当に、自由に、心を開かなければなりません。そうして初めて、わたしたちの努力は実を結ぶのです。聖霊が前へと導くためにいてくださるからです。

聖書にある律法は、それを一字一句守ることが、人間の力による、しかも実現不可能な、救いへと導くという惑わしをもたらすものではありません。律法は、人を本当の自分へ、その貧しさへと導くためにあります。それによって人は真に開かれた者となり、神のあわれみに心を開けるようになります。そうなることでわたしたちは変えられ、新しくされるのです。わたしたちの心を新しくできるかたは、神おひとりです。ただし、わたしたちが神に心を開くならば、です。これが唯一の条件です。神は何でもおできになられますが、わたしたちがまず、神に心を開かなければならないのです。

十戒の最後のこのことばは、だれもが自分を物乞いだと自覚するよう教えます。心の乱れに立ち向かうわたしたちを助けます。それは、御子によってあがなわれ、聖霊の手ほどきを受けることにより、利己的に生きるのをやめ、心の貧しい者となり、御父のみ前に本当の姿を示すためです。聖霊はわたしたちを教え導く教師です。助けていただきましょう。わたしたちは請い求める者です。その恵みを願い求めましょう。

「心の貧しい人々は、幸いである、天の国はその人たちのものである」（マタイ5・3）。そうです。幸いな人とは、唯一のいやし手である神のあわれみがなくとも、自分の弱さを克服できると信じる思い違いを捨てた人のことです。神のあわれみだけが心をいやすことができます。幸いな人とは、自分には悪い欲望があることを認め、悔い改めとへりくだりの心で、正しい者ではなく罪人として、神と他者の前に立つ人です。「主よ、わたしから離れてください。わたしは罪深い者なのです」。主に向かってペトロがいったことばは、美しいものです。なんとすばらしい祈りでしょう。「主よ、わたしから離れてください。わたしは罪深い者なのです」。

これは、あわれみ深い人のことです。自ら体験しているからこそ、他者に共感し、思いやりをもつことができるのです。

（二〇一八年十一月二十一日、サンピエトロ広場にて）

キリストにおける新たなおきてと、聖霊に従った願望

愛する兄弟姉妹の皆さん、おはようございます。

十戒に関する連続講話を終える今日は、「願望」を鍵となるテーマとします。それによって、つねにキリストの完全な啓示の光のもとに、十戒の条文を読み解くことで進めてきた歩みを振り返り、それを総括することができます。

わたしたちは信頼と主従の関係の基盤となる、感謝の気持ちから講話を始めました。これまで見てきたように、神は、ご自分がより多くをお与えになる前には、何も求めません。神はご自分に従うよう招いておられますが、それは、わたしたちを支配している偶像の欺きからわたしたちをあがなうためです。事実、この世の偶像に自己実現を求めることは、自らを明け渡して隷属させるだけです。わたしたちに度量と内実を与えてくれるのは、神とのかかわりです。キリストを通して神は、父としての権限を

もって、わたしたちをその子どもとしてくださいます（エフェソ3・14―16参照）。

ここには、恵みと解放――正真正銘の休息――への歩みも含まれています。詩編作者がいうとおりです。「わたしの魂は沈黙して、ただ神に向かう。神にわたしの救いはある」（62・2）。

解放された人生によって、これまでの歩みを受け入れ、幼少期から現在に至るまで経てきたことと和解することで、わたしたちは大人になり、人生における現実とそれにかかわる人を重んじることができるようになります。こうしてわたしたちは、隣人との交わりに加わります。それは、イエス・キリストのうちに神が示された愛から始まる、忠実で寛大で正真正銘の美への招きです。

しかしそのように、すなわち忠実で寛大で偽りのなさを見事に生きるには、聖霊が宿る新しい心（エゼキエル11・19、36・26参照）が必要です。古い心から新しい心への「入れ替え」は、どのように起こるのでしょう。それは、新たな願望というたまもの（ローマ8・6参照）を通してなされます。その望みは、神の恵みによって、わたしたちのうちに蒔《ま》かれます。「山上の説教」（マタイ5・17―48参照）が教えるように、とりわけイエスによって完成された十戒を通してです。事実、十戒で語られる生き方、つまり感謝の心と、自由で、偽りなく、祝福する心をもった、責任ある大人という存在であること、忠実で寛大で裏表なく、いのちを守り愛する者であること、これを思い浮かべるとき、わたしたちは知らず知らずのうちに、キリストの前に立ち戻っています。十戒はイエスの「レントゲン写真」です。聖骸布のようにイエスの顔が浮かび上がる、写真のネガのようなものです。聖霊はこのように、ご自分からのたまものである願望、神の霊による願望を注ぐことで、わたしたちの心を豊かにします。それは聖霊に従って願うこと、聖霊のリズムに沿って欲すること、聖霊の調べに乗せて望むことです。

イエスを見つめれば、美と善と真理を見いだすことができます。そして聖霊は、ご自分からのそうした願いを支えることで、わたしたちのうちに希望と信仰と愛を燃え立たせる、いのちを生み出すのです。

こうしてわたしたちは、主イエスが来られたのは律法を廃止するためではなく、完成させるため、発展させるためであること、さらには、肉に従う法は規定や禁止事項の羅列ですが、霊に従えばその法はいのちとなること（ヨハネ6・63、エフェソ2・15参照）をよりよく理解できるようになります。霊に従う法はもはや規則ではなく、わたしたちを愛し、求め、ゆるし、慰め、罪という背きによって絶たれた御父との交わりをご自分のからだによって回復してくださる、まさしくキリストの肉体だからです。

ですから、文言上の否定、十戒の表現における否定形——「盗んではならない」、「侮辱してはならない」、「殺してはならない」の「してはならない」ということばが、肯定的な態度に変わるのです。——愛しなさい、心に他の人々のための場所を作りなさいという、肯定を蒔《ま》くあらゆる願望です。これこそが律法の完成です。イエスはそのために来られたのです。

十戒は、キリストにおいて、キリストにおいてのみ、罪を定めるものではなくなり（ローマ8・1参照）、人間のいのちがもつ本当の真理となります。すなわち、愛への願望——そこから、善への、善を行うことへの願望が生じます——、喜びへの願望、平和、寛大さ、優しさ、善良さ、忠節、従順、自制心をもちたいという願いです。否定から肯定へと進むのです。すなわちそれは、聖霊の力によって開かれた心がもつ、前向きな姿勢です。

十戒においてキリストを追い求めるとは、愛に満たされ、神のわざに向けて開かれるようになるため、心を豊かにすることです。わたしたちの側が、キリストとともに生きたいという願いに従うなら、救いへの扉を開くことになります。そうならないことはありません。父であられる神は寛大なかたで、『カトリック教会のカテキズム』に「神は、わたしたちがご自身を渇望することに渇いておられます」（2560）とあるとおりだからです。

人を汚すのが悪い願望であるなら（マタイ15・18―20参照）、聖霊はわたしたちの心に、新しいいのちの種である、ご自分のもつ聖なる願望を注ぎます（一ヨハネ3・9）。新しいいのちとは、規則を破らずにいるための膨大な努力ではありません。新しいいのちは、神の霊にほかなりません。愛されるというわたしたちの喜びと、わたしたちを愛するという聖霊の喜びとの喜ばしい相乗作用によって、わたしたちをご自身の実りへと導く霊です。二つの喜びが交差するのです。わたしたちを愛するという神の抱く喜び、そして愛されるというわたしたちの抱く喜びです。

そうです。わたしたちキリスト者にとって十戒とは、キリストをじっと見つめることです。そのかたの心を受け取るために、そのかたの願いを受け取るために、そのかたのくださる聖霊を受け取るために、わたしたち自身を開くために――。

（二〇一八年十一月二十八日、パウロ六世ホールにて）

主の祈り

主の祈り

天におられるわたしたちの父よ、
み名が聖とされますように。
み国が来ますように。
みこころが天に行われるとおり地にも行われますように。
わたしたちの日ごとの糧を今日もお与えください。
わたしたちの罪をおゆるしください。　わたしたちも人をゆるします。
わたしたちを誘惑におちいらせず、
悪からお救いください。

わたしたちにも祈りを教えてください

愛する兄弟姉妹の皆さん、おはようございます。

今日から「主の祈り」に関する連続講話を始めます。

福音は、祈る人としてのイエスの姿を鮮やかに描いています。イエスは祈っておられます。ご自分の使命に駆られていても、ご自分を求めて大勢の人に詰め寄られていても、イエスは独りになって祈る必要を感じています。マルコによる福音書は、イエスの公生活の初めから、それをつぶさに伝えています（1・35参照）。カファルナウムにおけるイエスの公生活の最初の日は、成功のうちに終わりました。日が暮れると、大勢の病者がイエスの泊まっている家の戸口に押し寄せました。メシアは説き、いやす——古代の預言が実現し、苦しむ多く人の待ち望むことがかなえられるのです。イエスは、わたしたちとともにおられる神であり、わたしたちを解放してくださる神です。しかし人々の数は、ナザレの預言者を囲み集う別の箇所に描かれた群衆に比べればまだ少ないほうです。それは時に膨大な人数の集まりになりますが、そのどれも、民の期待にも、イスラエルの希望の実現にも、すべての中心にイエスがおられます。

そんなときでも、イエスは抜け出してご自分を独りになさいます。イエスは、ご自分をいよいよ指導者にと選んだ人々の期待に縛られた人質のままではおられません。指導者にとっての危険は、群衆と距離を取らず、彼らにすり寄りすぎることです。それをご存じであるイエスは、群衆の人質では終わりません。カファルナウムの最初の夜には、イエスはご自分が本当のメシアであることを示されます。明けようとしている夜の終わりに、弟子たちはまだイエスを捜していて、見つけられずにいます。どこにおられるのでしょうか。ペトロがようやく、人里離れたところで、一心に祈りをささげておられたイエスを見つけます。そしてペトロは、「みんなが捜しています！」（マルコ1・37）といいます。この感嘆符（訳注：イタリア語版の聖書には付されている）は、文句なしの成功にふさわしい符号、目的が首尾よく果たせたことのしるしなのでしょう。

ところがイエスは、別の場所に行かなければならないと弟子たちに伝えます。ご自分を捜す群衆のもとにではなく、ほかでもないイエスご自身が、他者を求めておいでだからです。だからこそイエスは、ひとところに根を下ろさずに、ガリラヤ中を巡り続けます（38―39節参照）。それはまた、御父へと向かう旅でもあります。すなわち祈りです。祈りの旅路です。イエスは祈ります。

そして、すべては祈っている夜に起こります。

聖書のいくつかの箇所では、すべてを左右するのはほかでもなくイエスの祈り、イエスの御父との親しい交わりになっています。とりわけゲッセマネの夜に、それがよく表れています。イエスの旅のこの最終段階（それまでの中でももっとも困難な局面）では、イエスが御父に対して耳を傾け続けた意味が見いだされたように思われます。明らかにそれは、気安い祈りではなく、まさしく闘士の燃やす闘魂にある、正真正銘の「苦悶の」祈りであり、しかしそれでもなお十字架の歩みの支えとなる祈りでもあるのです。

ここでも、イエスは祈りをささげました。これこそが、かなめです。

イエスは公生活のさまざまな局面で熱心に祈りをささげました。ご自分の民の礼拝にも加わりましたが、その一方で、世の喧騒から離れた場所、心の奥底にまで潜ることのできる場所も求めていました。イエスは荒れ野の石を知り、高い山に登る預言者です。十字架上で息を引き取る直前のイエスの最後のことばは、詩編のことば、すなわち祈りのことば、ユダヤの民の祈りのことばです。イエスは、自分の母親から教わった祈りで祈られたのです。

　イエスは、世の人たちが祈るのと同じように祈られました。それでも、その祈り方には何か神秘的なものも含まれており、そのことを弟子たちは決して見逃しませんでした。だからこそ、福音の中にはきわめて率直で切実なあの嘆願が記されているのです。「主よ、わたしたちにも祈りを教えてください」（ルカ11・1）。弟子たちは祈るイエスを見て、祈りを習いたいと思いました。「主よ、わたしたちにも祈りを教えてください」。そしてイエスはその願いを拒まれません。イエスは御父とご自分との親しい交わりを独り占めにしようとはしません。イエスはまさに、御父とのその交わりをわたしたちの間に広めるために来られたのです。こうしてイエスは、弟子たちに祈りを教える先生となります。そしてきっと、わたしたち皆の祈りの先生にもなりたいと望んでおられます。わたしたちもまた、「主よ、わたしたちにも祈りを教えてください。教えてください」というべきです。

　長年祈り続けているとしても、まだまだ学び続けなければなりません。人間の祈り、魂からおのずとわき出る希求であるそれは、おそらくこの宇宙でもっとも深遠な神秘の一つです。自分が神にささげる祈りが、本当に神の望まれる祈りかどうかも、わたしたちには分かりません。聖書には、神から結局は拒否される不適当な祈りに関する記述もあります。ファリサイ派の人と徴税人のたとえを思い起こすとよいでしょう。義とされて神殿から家に戻ったのは、後者の徴税人だけです。ファリサイ派の人は傲慢で、祈っている自分を人々に見てほしくて、祈っている振りをしているからです。心は冷たいままだからです。だからイエスは、この人は義とされないといいます。「だれでも高ぶる者は低くされ、へりくだる者は高められる」（ルカ18・14）。祈りの第一歩はへりくだること、神のもとに行き、「わたしを見てください。わたしは罪人です。弱く、よこしまな者です」ということです。そういうべきだということは、だれもが分かっています。ともかく、必ずへりくだることから始めてください。そうすれば主は聞いてくださいます。身を低くした祈りは、主に聞き届けられます。

ですから、イエスの祈りに関するこの連続講話を始めるにあたり、わたしたちが行うべき最高であり最適なことは、弟子たちのこの嘆願を繰り返すことです――「主よ、わたしたちにも祈りを教えてください」。待降節であるこの季節に、こう繰り返すことはすばらしいことです――「主よ、わたしたちにも祈りを教えてください」。わたしたちは皆、もっと踏み込んで、もっとよく祈りをささげることができるかもしれません。それでもまず、主に願いなさい――「主よ、わたしたちにも祈りを教えてください」。待降節のこの期間、これを続けましょう。そうすれば主はきっとわたしたちの祈りを聞かずに放っておいたりはなさらないはずです。

（二〇一八年十二月五日、サンピエトロ広場にて）

信頼して願い求める祈り

愛する兄弟姉妹の皆さん、おはようございます。

先週から始まった主の祈りに関する連続講話を続けましょう。イエスは、七つの請願で構成された短く斬新な祈りを弟子たちに唱えさせます。七という数字は聖書では偶然のものではなく、完成を意味します。斬新な、といったのは、もしキリストが教えてくださらなかったならば、おそらくだれも――著名な神学者ですら――このように神に祈ろうとはしなかっただろうからです。

イエスがまさに弟子たちに呼びかけたのは、神に近づきなさい、そして何らかの要望を信頼をもって伝えなさいということです。まず神についての願い、それからわたしたちに関する願いです。主の祈りに前口上はありません。イエスは主のご機嫌をとるあいさつ文を教えているのではありません。それどころか、畏怖と恐怖の壁を打ち破って、神に祈るよう招いておられます。イエスは、神に向かって「全能者」、「いと高きかた」、「あなたはわたしたちとは懸け離れたかたです。わたしはみじめな者です」と呼びかけなさいといっているのではありません。違います。そうはいっておられません。ただ「お父さん」と、ただただ無邪気に、子どもが父親を呼ぶようにです。この「お父さん」ということばには、親しさと、子としての信頼が表れています。

主の祈りは、人間の具体的現実に根ざしています。たとえば、パン、日ごとの糧を求めさせます。単純ですが不可欠な要望で、それは信仰が、他の必要がすべて満たされて初めて生じるような、生活から切り離された「飾り」の問題ではないことを語っています。それどころか、祈りは生活そのものから始まるものです。イエスは教えてくださいます。祈りは、人間がお腹を満たしてから始まるのではありません。飢えている人、泣いている人、もがいている人、苦しんでいる人、「なぜなのか」と悩む人、どんな人でも、人がいるところには必ず潜在的にあるものなのです。わたしたちにとっての最初の祈りは、ある意味で、生まれて初めて息をするときの産声だということもできるでしょう。新生児のその泣き声によって、わたしたちの全生涯の運命が告げられます。たえず続く飢え、止まない渇き、幸福の追求です。

イエスは、祈りによって人の意欲をそごうとしているのでも、おとなしくさせようとしているのでもありません。また、すべてに耐えることを学ばせて、疑問や要求を押し殺させようとするのでもありません。イエスはむしろあなたが、どんな苦しみも悩みもすべて天に投げて、それが対話となることを望んでおられます。

信仰をもつとは、叫びを上げることが習慣化することだ、といった人がいます。

わたしたちは皆、福音書の中のバルティマイのようにならなければなりません（マルコ10・46―52参照）。福音のその箇所を思い起こしましょう。ティマイの子で、エリコの町の門のところで物乞いをしていたあの盲人、バルティマイのことです。周囲には大勢の立派な人たちがいて、彼に黙りなさいと命じていました。「いいから黙りなさい。主がお通りなのだ。静かにしていなさい。邪魔をしてはいけない。先生はお忙しいのだから、迷惑をかけてはならない。お前はぎゃあぎゃあ叫んでうるさい。困らせないでほしい」。それでも彼はそうした忠告を意に介さず、敬虔なる頑固さをもって、イエスが最後にはその窮状に目を向けてくださるよう切望し続けました。そしていっそう声を張り上げました。すると育ちのいい人々は、「やめなさい。師であるかたなのです。お願いです。みっともない」といったのです。それでもその人は叫びました。見えるようになりたい、いやされたいと願っていたからです。「イエスよ、わたしをあわれんでください」（47節）と。イエスは彼に視力を取り戻し、「あなたの信仰があなたを救った」（52節）といわれます。そのことばは、彼の回復に決定的だったのはその祈り、その嘆願だったのだと説くかのようです。それは、彼を黙らせようとした大勢の人の「常識」よりも強い信仰をもって叫ばれたのです。祈りは救いに先行するばかりか、ある意味、すでに救いを含んでいます。なぜなら、さまざまな耐えがたい状況から抜け出す方法があると信じない人の絶望から、祈りは解放してくれるからです。

　ですから当然、信じる者は、神を賛美する必要も実感します。福音書は、イエスの心からわき出る、御父への感謝の思いのある驚きにあふれた歓喜の叫びを伝えています（マタイ11・25―27参照）。初期キリスト者は、主の祈りのテキストに、栄唱をさらに加える必要があるとも感じていました。「力と栄光とは永遠にあなたのものだからです」（『十二使徒の教訓』8・2〔荒井献ほか訳『使徒教父文書《聖書の世界》別巻四・新訳II』講談社、一九七四年、一三頁〕）。

　過去に提示された次のような説を信じる必要はまったくありません。嘆願の祈りは信仰の薄い祈りであり、逆に真に真正な祈りとは純粋な賛美で、要求の負荷を何ら負わせることなく神を求めるものであるべきだという説です。違います。これは正しくありません。嘆願の祈りは真の祈りであり、おのずからわき出るもので、父であるかた、優しいかた、全知全能であるかた、神への信仰の行為です。それは小さく、罪深く、困窮している自分における信仰の行為です。ですから、何かを願い求める祈りは、とても崇高なものです。神はお父さんです。わたしたちをどこまでもあわれんでくださるかた、子どもたちに、怖がらずに話しかけて「お父さん」と直接呼んでほしい、また苦しいときには「主よ、どうしてこんな目に遭わせるのですか」といってほしいと望んでおられる父なのです。だからこそわたしたちは、何でも神に話すことができるのです。人生において、まだ正せずにいることや、納得できずにいることさえもです。それに神は、わたしたちが地上で過ごす最後の日まで、いつまでもともにいると約束してくださいました。父に祈りましょう（訳注：「主の祈りを祈りましょう」とも訳せる）。飾らずに、「父よ」あるいは「お父さん」といって始める祈りです。神はわたしたちを分かってくださり、深く愛してくださっているのですから。

（二〇一八年十二月十二日、サンピエトロ広場にて）

山上の説教の中心

愛する兄弟姉妹の皆さん、こんにちは。そして新年おめでとうございます。

先日祝ったばかりの降誕祭の神秘の照らしを受けながら、主の祈りに関する講話を続けましょう。

マタイ福音書は、山上の説教の真ん中に、意図して主の祈りを位置づけています（6・9―13参照）。ともあれ、その場面を見ていきましょう。イエスは湖畔の山に登り、腰を下ろします。その周りには、イエスともっとも親しい弟子の輪があり、次にそれを大勢の無名の群衆が囲んでいます。主の祈りを最初に渡されるのは、この雑多な集団です。

先ほど述べたように、場所はきわめて重要です。「山上の説教」と題されて進むこの長い教え（マタイ5・1―7・27参照）の中に、イエスはご自分のメッセージの基本を凝縮しているからです。出だしは、お祝いのために飾られたアーチのような真福八端です。イエスは、当時――いえ、現代でも――ほとんど大切にされないたぐいの人々に、次々と幸いという冠を与えます。貧しい人、柔和な人、あわれみ深い人、心の清い人……は幸いである。これこそが福音の革命です。福音のあるところには革命があります。福音はわたしたちをおとなしくさせてはおかず、せきたてます。福音は革命的なのです。愛の力をもつ人、それまでは歴史の片隅に埋もれていた平和の担い手が皆、今度は神の国の建設作業員となります。まるでイエスは次のようにいっていたかのようです。「前にどうぞ。愛を通して、ゆるしを通して、ご自分の全能を明らかにされた神、その神秘を心に宿す皆さん、前にいらしてください」。

　従来の価値観をくつがえすこのアーチから、福音の新しさがあふれ出ています。律法が廃止されることはありませんが、それを本来の意味に戻すための新たな解釈が必要です。人は、愛に向かうよい心の持ち主であるならば、神のことばはことごとく、最終的な帰結に至るまで具体的なものであるべきことを理解しています。愛に境界線はありません。人は自分の伴侶や友人を、そしてまったく新しい観点で、敵さえも愛することができます。イエスはいわれます。「しかし、わたしはいっておく。敵を愛し、自分を迫害する者のために祈りなさい。あなたがたの天の父の子となるためである。父は悪人にも善人にも太陽を昇らせ、正しい者にも正しくない者にも雨を降らせてくださるからである」（マタイ5・44―45）。

天におられる父の子となる――これこそ、山上の説教全体の基盤となる重要な秘密です。マタイによる福音書のこれらの章は、一見、道徳論のようです。とても実行できそうにない難しい倫理を説いているように思われるからです。しかしそうではなく、それらはまさに神学的な教えであることが分かります。キリスト者とは、ほかの人より優れた者となるよう義務づけられている者ではなく、自分が皆と同じく罪人であると知る者のことです。キリスト者とは、新しい燃える柴の前に、神――口にしてはならない名前の暗号を伝えたりせず、子らにご自分を「お父さん」という名で呼び祈ってほしいと願う――の啓示の前にたたずむ者にすぎません。神は彼らにご自分の力によって新しくされるよう望み、善に渇望し、よい知らせを待ち望むこの世界に、ご自分の善の光を映し出すよう願っておられるのです。

さて、イエスは主の祈りに関する教えを次のように始めます。まず、当時いた二つのたぐいの人々との違いを示すことで教え始めます。最初は偽善者です。「祈るときにも、あなたがたは偽善者のようであってはならない。偽善者たちは、人に見てもらおうと、会堂や大通りの角に立って祈りたがる」（マタイ6・5）。神を無視した無神論者の祈りを作り出す能力をもっている人たちがいます。彼らは、人から称賛されようとして、その力を発揮するのです。それにまた、教会に通って一日中入り浸たったり、毎日通い詰めたりしているのに、他者を憎んだり、悪口ばかりいう人、そんな人たちのそうした醜態が嫌というほどあります。あきれてしまいます。それなら教会に行かないほうがましです。無神論者のように生きていればいいのです。教会に行くのならば、子として、兄弟姉妹として生きてください。あかしに反するのではなく、真のあかしをしてください。キリスト者の祈りには、御父との間で続けられる対話がもっとも激しいものとなる場所としての己の良心以外に、確かなあかしはありません。「あなたが祈るときは、奥まった自分の部屋に入って戸を閉め、隠れたところにおられるあなたの父に祈りなさい」（マタイ6・6）。

　次にイエスが示すのは、異邦人の祈りとの違いです。「異邦人のようにくどくどと述べてはならない。異邦人は、ことば数が多ければ、聞き入れられると思い込んでいる」（マタイ6・7）。おそらくイエスはここで、古代の多くの祈りに欠かせない前置きだった、あの「好意の獲得句（captatio benevolentiae）」を指しているのでしょう。異教の神に対しては、賛美のことばや祈りをくどくどと並べることで、懐柔を図る必要がありました。預言者エリヤがバアルの祭司らと対決した、カルメル山の場面を思い出してください。彼らは、自分たちの神に聞き入れてもらおうと、叫んだり、踊ったり、いろいろしなければなりませんでした。一方エリヤはおとなしくしていて、それで主はエリヤの前にご自分を現されたのです。異教徒は、語って、語って、語って、ひたすら語ることが祈ることだと思い込んでいます。でもわたしは、失礼ながら「オウムのように神にまくしたてること」が祈ることだと思っているキリスト者もけっこういると知っています。それは違います。祈りは心で、心の奥でするものです。イエスがいうように、祈るときには、父に対する子どものように、請われる前から子どもの要望を知っている父親に対する子のように（マタイ6・8参照）、神に向かってください。主の祈りは、声に出さずにささげることもできます。神のまなざしのもとに身を置き、御父の愛を忘れずにいればいいのです。本質的には十分です。聞き届けられるにはそれで十分なのです。

わたしたちの神は、ご自分の好意を勝ち取るための犠牲を望んではおられません。それが分かっているのはすばらしいことですね。わたしたちの神には何も必要ありません。祈りにおいて神が唯一わたしたちに求めておられるのは、神の愛する子どもであることをつねに明らかにしておくため、ご自分とのコミュニケーションのチャンネルを開けておくことです。神はわたしたちが大好きなのです。

（二〇一九年一月二日、パウロ六世ホールにて）

たたきなさい。そうすれば、開かれる

愛する兄弟姉妹の皆さん、おはようございます。

今日の講話では、ルカ福音書に触れます。祈りの雰囲気が濃く漂うキリストの姿を描いているのは、まさしく、イエスの幼少期から物語られるこの福音です。この福音には、日々教会の祈りの節目となる三つの賛歌が含まれています。ザカリアの歌、マリアの歌、シメオンの歌です。

さて、主の祈りに関するこの連続講話を進める中で、わたしたちはイエスを祈る人と受け止めています。イエスは祈ります。ルカ書ではたとえば、主の変容の箇所も、祈りの場面から始まります。こう述べられています。「祈っておられるうちに、イエスの顔の様子が変わり、服は真っ白に輝いた」（9・29）。実に、イエスの生涯の一歩一歩はどれも、すべてのわざにおいてイエスを導く聖霊の息吹に背中を押されているようです。イエスは、ヨルダン川での洗礼の際に祈り、重い決断をする前には御父と対話し、祈るためにたびたび独りになられ、その後すぐにご自身を否定するペトロのために祈りをささげます。こういいます。「シモン、シモン、サタンはあなたがたを、小麦のようにふるいにかけることを神に願って聞き入れられた。しかし、わたしはあなたのために、信仰がなくならないように祈った」（22・31―32）。イエスは、信仰がなくならないようにとわたしたちのために祈っておられ、わたしのため、わたしたち一人ひとりのために祈ってくださると知る――それは慰めです。そして、それは本当のことです。「神父様、イエスは今でも祈っておられるのですか」。今でもまだ、御父に祈ってくださっています。わたしのために祈っておられます。だれもがそういってよいのです。そしてわたしたちは、イエスにこういってもよいのです。「あなたはわたしのために祈ってくださっています。どうか祈り続けてください。わたしにはそれが必要なのです」。勇気を出して、そういってみましょう。

救い主の死までもが、祈りの雰囲気に包まれています。受難のときでさえ、驚くほど平穏さが目立っているように見えます。イエスは女性たちをなぐさめ、十字架刑の執行人のために祈り、よい盗人には楽園を約束し、「父よ、わたしの霊をみ手にゆだねます」（23・46）といって息を引き取ります。イエスの祈りは、抑えきれない激しい感情、復讐や報復の欲求を鎮めようとし、人間をその憎む相手と和解させ、人間を、死というあの敵と和解させるのです。

ルカ福音書には、弟子の一人が口にした、イエスから直接祈りを教えてもらいたいとの申し出も見ることができます。こういっています。「主よ、わたしたちにも祈りを教えてください」(11・1)。弟子たちは祈っているイエスを見ていました。「教えてください。主よ、あなたがわたしのために祈っておられることは知っております。でもどうか、わたしも祈れるよう、祈りを教えてください」。わたしたちもこういってよいのです。

「主よ、わたしたちにも祈りを教えてください」——この願いから、かなり長い説教が始まります。その中でイエスは弟子たちに、どのようなことばや思いをもって神に向かうべきかを説明しています。

その説教の冒頭部分こそが、主の祈りです。「天におられるわたしたちの父よ」、このように祈りなさいとあります。「父よ」——なんてすばらしい響きをもったことばでしょうか。祈っている時間のすべてを、この「お父さん」ということばだけで埋めてもよいのです。そうして、わたしたちにはお父さんがいてくださるということを味わってください。ご主人様でもなく、継父《ままちち》でもありません。違います。本当のお父さんです。キリスト者は、まず「父よ」と呼びかけることで神に向かうのです。

　イエスが弟子たちに語ったこの説教の、祈りの本文を冠に頂いた教えをいくつか掘り下げるのは興趣あることです。わたしたちが確信できるよう、イエスはいくつかのことがらを説明なさいます。それらは、祈りをささげる信者の姿勢に終始しています。たとえば、しつこい友達のたとえ話があります。知人が旅から突然戻ったものの、その人にあげるパンがないからと、寝静まっている一家をたたき起こそうとした友達です。戸をたたいて自分の友達を起こすこの人について、イエスは何といわれましたか。「いっておく――とイエスは説明します――。その人は、友達だからということでは起きて何か与えるようなことはなくても、しつように頼めば、起きて来て必要なものは何でも与えるであろう」（11・8）。ここでイエスは、祈るよう、それもしつこく祈るようにと教えようとしておられます。そしてこのすぐ後で、お腹をすかせた子どもの父親のたとえを示されます。ここにお集まりの父親である皆さん、孫のいるおじいさん。子や孫がお腹をすかせ、何かちょうだいとねだり、しまいには泣いてわめいて、お腹をすかせていても、「魚を欲しがる子どもに、魚の代わりに蛇を与える父親がいるだろうか」（11節）。皆さんが経験してきたとおり、子どもが欲しがれば、その子の健康のために、その子に必要なものを食べさせます。

　この教えを通してイエスが分からせてくださることは、神はいつだってこたえてくださること、聞き届けられない祈りはないということです。なぜでしょうか。神はお父さんであり、苦しむわが子を忘れたりはしないからです。

　きっと、こうした断言はわたしたちを当惑させます。なぜなら、わたしたちの祈りの多くは、かなえられていないようだからです。求めても得られなかったことがどれだけあったか。だれもが経験しています。扉をたたいても、開かれなかった経験をどれだけ重ねたことか。そうしたときにも、しつこく、決してあきらめてはならないと、イエスは忠告しています。祈りによって必ず現実は変わります。必ずです。たとえ周囲の状況が変わらなくとも、少なくともわたしたち自身が、わたしたちの心が変わります。イエスは、祈る人一人ひとりに聖霊のたまものを約束しておられます。

　神はこたえてくださる、それは確信できます。唯一不確かなのはその時期ですが、それでも神がこたえてくださることを疑ってはいけません。もしかすると、生きている間ずっと待ち続けなければならないかもしれません。それでも神はこたえてくださいます。魚の代わりに蛇を与える父親のようではないと、神はわたしたちに約束してくださいました。すべての人が心に抱く幸福への願いはいつの日かかなえられる——そう信じるだけです。イエスはいわれます。「神は、昼も夜も叫び求めている選ばれた人たちのために裁きを行わずに、彼らをいつまでもほうっておかれることがあろうか」（ルカ18・7）。そうです。神は裁きを行い、わたしたちの願いを聞き入れてくださいます。いつか訪れるその日は、栄光に包まれた復活の日となるでしょう。祈ることは今後ずっと、孤独と絶望に対する勝利となります。祈ってください。祈りは現実を変えます。それを忘れないようにしましょう。事態を変えるか、わたしたちの心を変えるか、どちらにしても必ず変えます。祈ることは今より先、孤独と絶望に対する勝利となります。停滞した歴史の中で、個々ばらばらの被造物がうごめいているのを見るようで、なぜそうなのか理解できないときもあります。しかしそれでも歴史は動いており、歩み続けています。そして個々の人生の終わりに、わたしたちの人生の先には、何があるでしょうか。祈りの先に、祈りをささげる時間の終わりに、人生の最後に、あるのは何でしょうか。御父がおられます。皆を待っておられるかた、腕を大きく広げてすべての人を待っておられるお父さんです。その御父を見つめましょう。

（二〇一九年一月九日、パウロ六世ホールにて）

アッバ、父よ

愛する兄弟姉妹の皆さん、おはようございます。

主の祈りに関する連続講話を続けていますが、今日は、新約聖書において、本質に到達しようとする祈りが、アッバ、お父さんという語に集約されることについての考察から始めたいと思います。

先ほど、ローマの信徒にあてた聖パウロの手紙が読まれました。「あなたがたは、人を奴隷として再び恐れに陥れる霊ではなく、神の子とする霊を受けたのです。この霊によってわたしたちは、『アッバ、父よ』と呼ぶのです」（8・15）。また使徒は、ガラテヤの信徒にはこう伝えます。「あなたがたが子であることは、神が、「アッバ、父よ」と叫ぶ御子の霊を、わたしたちの心に送ってくださった事実から分かります」（ガラテヤ4・6）。福音の新しさがすべて集約されているその招きが、二度繰り返されます。イエスと出会い、その教えを聞いてからは、キリスト者はもう神を恐れるべき暴君とは思いません。もはや神におびえるのではなく、神への信頼が心の中に満ちてくるのを感じています。キリスト者は創造主を「お父さん」と呼んで、話すことができるのです。この言い方はキリスト者にとってあまりにも重要なものなので、しばしば「アッバ」という原型がそのまま用いられます。

新約聖書でアラム語の表現がギリシア語に翻訳されずに用いられるのは、珍しいことです。このアラム語に、イエスの母語に敬意を払ったのです。主の祈りの最初のことばからすぐに、キリスト教の祈りのもつ画期的な斬新さに触れます。

神の神秘に結ばれるために、単にシンボル——この場合は父親という人物像——を用いるだけでなく、いわば、自分の心に注がれたイエスの世界をまるごと身に着けているかどうかが問題なのです。それができていれば、まことをもって主の祈りを祈れるようになります。「アッバ」というほうが、ただ神を「父よ」と呼ぶよりもずっと親しみがこもって、心にしみます。だからこそ、このアラム語原語の「アッバ」に、「パパ」「父ちゃん」という訳語を提唱する人がいるのです。「わたしたちの父よ」という代わりに、「パパ」「父ちゃん」というのです。これからも「わたしたちの父よ」というのですが、心では、「パパ」というよう招かれています。「パパ」や「父ちゃん」と呼びかける子の父との関係のように、神とかかわるためです。確かにこうした言い方には愛情がにじみ出て、ぬくもり、子どものころの情景の投影がじんわりと表れます。自分に限りない優しさを向ける父の抱擁にしっかりと包まれた子どものイメージです。ですから兄弟姉妹の皆さん、ちゃんと祈るには、子どもの心をもつべきです。間に合っていますという傲慢な心ではいけません。それだと、きちんと祈れません。お父さんの、パパの、父ちゃんの腕に抱かれた子どものように祈るのです。

　もちろんこの語の意味をもっとよく説明してくれるのは、福音書です。イエスにとって、この語は何を意味しているのでしょう。「わたしたちの父よ」の意味合いとニュアンスが際立つのは、たとえば、ルカ15章にある、あわれみ深い父のたとえ（放蕩息子のたとえ）（ルカ15・11―32参照）を読んで、そのかたへの祈りを覚えてからです。放蕩息子が、長い間自分を待っていた父の抱擁を受けた後で口にしたこの祈りを想像してみてください。息子が自分にいった侮辱的なことばを思い出しはしない父、息子をどれほど恋しく思っていたかを今はただひたすら伝える父親への祈りです。そうすれば、それがいかに生き生きとし、強くなるかが分かります。心の中で尋ねてみましょう。神様、あなたは愛だけを覚えておられる、そんなことってありえますか。憎しみは覚えないのですか。そうだよ――神はきっとこう答えます――、愛だけを覚えているのだよ。あなたには、名誉を傷つけられたことに対する罰や、裁きの要求や、怒りはないのですか。神はこう答えるでしょう。覚えているのは愛だけだよ。

このたとえ話の父親の態度には、どこか母の心情を強く感じさせるものがあります。母はだれよりも子をかばい、盾《たて》となり、その心情を理解し続け、愛し続けます。たとえ子から疎《うと》まれるようになったとしてもです。

「アッバ」――。キリスト者の祈りを深めるには、この一言を心に抱くだけでよいのです。聖パウロはその手紙で、同じくこの道をたどっています。イエスから教わった道ですから、これ以外はありえないのです。この呼びかけには、これ以外のすべての祈りを引き寄せる力があります。

あなたが神を求めないとしても、神はあなたを探し求めています。あなたが神のことを忘れたとしても、神はあなたを愛しておられます。あなたが自分の才能をすべて無駄にしたと思っても、神はあなたのよさに気づいてくださいます。神は父であるだけでなく、母のように、ご自分の被造物への愛を抑えられないかたです。しかも、人間の九か月をはるかに超えて、永遠に続く「懐胎の期間」があります。それは愛の無限の回路を生む懐胎です。

キリスト者にとって祈ることとは、ただ単に、しかし子としての信頼をもって「アッバ」ということ、「パパ」ということ、「父ちゃん」ということ、「父よ」ということなのです。

放蕩息子がそうだったように、わたしたちも神から離れてさまよったり、世界から打ち捨てられていると感じるほどの孤独に陥ったり、さらには過ちを犯したり、罪悪感で麻痺した状態になったりすることがあるでしょう。そうした苦しいときでも、「父よ」ということばで、ただし「アッバ」「パパ」と子どもが甘える感じで話し出せば、祈る力を得ることができます。神はわたしたちから決して顔を背けません。忘れないでください。心の中に醜いことや、自分では解決できないこと、こんなこと、あんなことをしてしまったというひどく苦々しいものを抱えていても、それでも神は決して顔を背けたりなさらないのです。神が沈黙に閉じこもることは決してありません。「父よ」と呼びかければ、神は答えてくださいます。あなたには父がいるのです。「そうですか……。でもわたしは札付きの悪党です」。それでもあなたには、あなたのことが大好きな父親がいるのです。「お父さん」といって、そうして祈りを始めてください。そうすれば沈黙のうちに神は、わたしたちから決して目を離さずいるのだと語ってくださるでしょう。「でも父である神様、こんなこともしてしまったのです」。「ずっとお前を見守ってきたのだよ。すべて分かっているよ。でもわたしはずっとここにいて、お前のそばにいて、お前に対するわたしの愛に忠実であり続けているのだよ」。そう答えてくれるでしょう。「お父さん」と語りかけることを忘れないでください。ご清聴ありがとうございます。

（二〇一九年一月十六日、パウロ六世ホールにて）

わたしたち皆の父

愛する兄弟姉妹の皆さん、おはようございます。

イエスが教えてくださった祈りをさらに深く学ぶ旅を続けましょう。どうかイエスから教えられたとおりに祈ってください。

イエスはいわれました。祈るときには、静かに自分の部屋に入り、世間から離れ、「お父さん」と呼びかけて神に向かいなさい。イエスは、人から褒めてもらおうと、大通りに立って祈る偽善者のようにならないようにと弟子たちに求めておられます（マタイ6・5参照）。イエスは偽善を望まれません。真の祈りとは、良心や心の中の、人目につかないところにあるものです。神にしか分かりえない、なぞめいたものです。わたしと神とのものです。祈りは偽りを嫌います。神とともにあって、自分自身を取り繕うことはできないからです。神の前にあって、神に通用するごまかしなどありません。神はわたしたちのありのままの偽りのない心をご存じで、わたしたちはごまかせません。神との対話の根底には、沈黙のうちの対話があります。愛し合う二人が見つめ合うように、神と人が視線を交わす、それこそが祈りです。神を見つめ、神に見つめていただく、それが祈りなのです。「でも神父様、ことばにしなくていいのですか」。神を見つめ、神に見つめていただきなさい。それこそが祈り、すばらしい祈りです。

ただ、弟子の祈りは完全に内なるものであっても、それにとどまるものではないのです。心の内奥にあってキリスト者は、自分の部屋の外の世界に関心をもたずにいるのではなく、人々のことや、周囲の状況、問題など、多くのことがらを心に留めています。それらすべてを祈りに込めるのです。

驚くことに、主の祈りにはある欠落があります。その驚くべき欠落は何なのか、皆さんに尋ねたとしても、すぐには答えられないでしょう。ある単語が欠けています。皆さんで考えてください。主の祈りに抜けている語は何でしょうか。よく考えてください。何という語がないのでしょう。一語です。現代においては、そしておそらくどの時代でも、すべての人が重要視する語です。毎日祈っている主の祈りに、見つからない単語は何でしょう。時間があまりないので答えを発表しますね。「わたし」という単語が欠けているのです。「わたし」と口にすることは、決してありません。イエスは、「あなた」と最初に口にする祈りを教えてくださいました。キリスト者の祈りは対話だからです。「み（あなたの）名があがめられますように、み（あなたの）国がきますように、み（あなたの）心が行われますように」です。わたしの名、わたしの国、わたしの心が、ではありません。わたし、ではありません。違います。それから次に、「わたしたち」へと移ります。主の祈りの後半は、全体が一人称複数になります。「わたしたちの日ごとの糧をお与えください、わたしたちの罪をおゆるしください。わたしたちを誘惑におちいらせず、悪からお救いください」。空腹をいやすために食べ物を手に入れるといった、人間のもっとも基本的な欲求にも、すべて複数形が用いられています。キリスト者の祈りでは、自分のために食べ物を願う人はいません。わたしに日ごとの糧をお与えください、ではなく、わたしたちにお与えください、すべての人のために、世界の貧しい人皆のためにお与えくださいと、御父に嘆願する祈りです。忘れないでください。「わたし」という語はないのです。「あなた」と「わたしたち」という語を用いて祈ってください。これがイエスからの大事な教えです。忘れないでください。

　どうしてなのでしょうか。神との対話には、個人主義の入る余地がないのです。まるで世界で自分だけが苦しんでいるかのような、自分の悩みの誇示はそこにはありません。わたしたち、兄弟姉妹としての共同体の祈りではなくして、神にささげられる祈りはありません。わたしたちは交わりのうちにあり、兄弟姉妹であり、「わたしたち」と祈る一つの民です。ある教誨師《きょうかいし》から尋ねられたことがあります。「神父様、どう思いますか。〝わたし〟ということばの対義語は何でしょうか」。わたしは深く考えずに「あなた」だと答えました。「それが争いの始まりなのですよ。〝わたし〟の対義語は〝わたしたち〟です。平和があるところでは、皆が一緒なのです」。わたしはその司祭から、すばらしい教えを受けました。

　キリスト者は、自分の隣で生きる人々の困難をすべて祈りに込めます。夜には、その日知った苦悩を神に伝えます。神の前で、友、そして敵対する人まで含む、多くの人の顔を思い浮かべます。それらを、気を散らす危険なものとして振り払うのではありません。身の周りに、これほどまでに多くの苦しむ人がいることに意識を向けないなら、貧しい人の涙を不憫に思うことがないなら、すべてに慣れ切ってしまっているなら、その心はどうなっているでしょう。干からびているでしょうか。いいえ。もっとひどい状態になっています。石の心になっているのです。そんなときは主に祈り願い、その霊で触れていただき、心をほぐしていただきましょう。「主よ、わたしの心を柔らかにほぐしてください」。美しい祈りです。「主よ、この心を柔らかにしてください。いかなる問題も、他の人のいかなる苦しみも、それを理解し、担うことができますように」。キリストは、世の苦しみをよそに無傷で通り過ぎたのではありません。孤独、身体の苦しみ、心の痛みに触れるたびに、このかたは、母の胎《たい》のように、激しいあわれみを覚えたのです。「あわれみを覚えること」――まさにキリスト教らしいこのことばを忘れずにいましょう。あわれみを覚える――これは福音のキーワードである動詞です。これこそが、よいサマリア人を駆り立て、道端のけが人に近づかせたものです。それが、かたくなな心をもった他の人とは異なっていた点です。

　自分を振り返ってみましょう。祈るとき、身近な、そして遠くにいる多くの人の叫びに、心を開いているだろうか。それとも祈りを、心穏やかになるための安定剤のようなものと考えているだろうか。質問をしています。それぞれが答えられるものです。安定剤だと思っているのなら、とんでもない誤解の被害者です。当然のごとく、「わたしの」というのは、もはやキリスト者の祈りではありません。イエスが教えてくださった、あの「わたしたち」という祈りは、自分独りの平穏にはならずに、兄弟姉妹に対して責任を感じるよう促しているからです。

　一見、神を求めていないような人もいますが、イエスは彼らのためにも祈るようわたしたちに求めています。神が捜し求めているのは、だれよりもそうした人だからです。イエスが来られたのは健やかな人のためではなく、病の人のため、罪人のため（ルカ5・31参照）、つまりはすべての人のためです。自分は健康だと思っていても、実際にはそうではないのです。正義のために働くとき、自分を他者より優れていると考えてはいけません。御父は悪人にも善人にも太陽を昇らせてくださいます（マタイ5・45参照）。御父は、すべての人を愛しておられるのです。特定の人、好きな人にだけ優しくするわたしたちとは違って、すべての人に同じくお優しい神に倣いましょう。

兄弟も姉妹も、聖人も罪人も、わたしたちは皆、同じ御父に愛されている兄弟姉妹です。そして人生の最期には、自分がどれほど愛したか、愛に基づいて裁かれます。感情としての愛情だけでなく、福音のおきてに沿った、あわれみからの具体的な愛の行為を基に裁かれるのです。それを忘れないでください。「はっきりいっておく。わたしの兄弟であるこのもっとも小さい者の一人にしたのは、わたしにしてくれたことなのである」（マタイ25・40）。主はそういっておられます。ご清聴ありがとうございます。

（二〇一九年二月十三日、パウロ六世ホールにて）

天におられる父

愛する兄弟姉妹の皆さん、おはようございます。

今日の謁見は二か所で行われています。先にサンピエトロ大聖堂でベネヴェント大司教区の信者の皆さんにお目にかかりました。そして、今は皆さんとこちら（パウロ六世ホール）にいます。皆さんが風邪をひかないようにという、教皇公邸管理部の配慮でこのようになりました。取り計らってくれた関係者の皆さんにお礼を伝えましょう。ありがとうございます。

主の祈りに関する講話を続けましょう。キリスト者の祈りはどれも、神が父であるという神秘に分け入ることがその第一歩です。オウムのようには祈りません。神があなたのお父さんだという認識をもってその神秘にあずかるか、さもなければ祈らないかです。わたしの父である神に祈りたいと思うことで、この神秘が始まります。神がわたしたちのお父さんだということを理解するため、自分の親の姿を思い浮かべたいとは思いますが、その際は必ずそのイメージをある程度「精製し」、浄化しなければなりません。『カトリック教会のカテキズム』も同様のことをいっています。「わたしたちが神に対して抱く父としてのイメージは、個人的経験ないし自分が属している文化的伝統に由来する父親・母親のイメージに左右されたものですが、そのイメージを浄化することが大切です」(2779)。

完璧な父親をもつ人は一人もいません。だれもいません。わたしたちもまた、完璧な父親や、完璧な司牧者には決してなれません。だれしも欠点があります。皆です。わたしたちはつねに、限界や利己心を含んだ愛情関係のもとにあるため、他者への所有欲や支配欲に汚されることが少なくありません。ですから、愛の告白は時に、怒りや敵意に変わります。つい一週間前は熱く愛し合っていた二人が、今日は死ぬほど憎み合っている、そんなことは日常茶飯事です。わたしたちは皆、自分の中によくない根をもっており、時折その根が出てきて害を加えるからです。

ですから、「お父さん」として神について語る際には、自分の父親の姿、しかも自分を愛してくれているその姿を考えながらも、さらに先へと踏み込まなければなりません。神の愛とは、イエスが用いるよう求めている表現どおり、「天におられる」父の愛だからです。それは、この世の人生では不完全なかたちでしか味わうことのない、欠けるところのない愛です。人間とは、永遠に愛を請う者です。わたしたちは愛の物乞いであり、愛を請い求めています。完全に愛してもらえる場を求めていますが、見つけられずにいます。この世界には、失望させられる友情や愛情がどれだけあるでしょうか。本当にたくさんあります。

ギリシア神話の愛の神は、決定的に悲劇の極みです。天使のような存在なのか、悪魔のような存在なのかも分かりません。神話が語るところによれば、それはポロスとペニヤの息子、すなわち術策の神と窮乏との間にできた子で、多少なりとも両親の特徴を帯びる運命にあります。ここから、人間の愛のもつ二つの矛盾する感情を考えることができます。ある日一瞬にして愛が花開き抑えがたいものになっても、そのすぐ後にしおれて枯れてしまうというものです。手にしたものは必ず、その手から漏れ落ちてしまうのです（プラトン『饗宴』203［久保勉訳、一九五二年、岩波書店、一一四―一一七頁］参照）。わたしたちの愛の生来の脆弱《ぜいじゃく》さを容赦なく描く預言者ホセアの、次のような表現があります。「おまえたちの愛は朝の霧、すぐに消えうせる露のようだ」（ホセア6・4）。守り続けるのに苦労する約束、たちまち冷めて消えてしまう試み、朝に太陽が昇れば夜露が消えてしまうようなこと――わたしたちの愛は、大方そんなものです。

わたしたち人間はどれだけ、こうした脆弱で途切れ途切れなかたちで愛したことでしょう。愛したのに、結局は、その愛が折れたり薄れたりすることを、だれしも経験してきました。愛を求めながらも、結局自分の限界、力の乏しさに打ちのめされます。そうして、恵まれていたころには守るのはたやすいと思っていた約束を守れなくなります。使徒ペトロは、結局は怖くなり、逃げてしまったのです。使徒ペトロは、イエスの愛を裏切ってしまいました。わたしたちのつまずきとなるこうした弱さは、つねにあります。わたしたちは、人生の初日から探し求めている宝、すなわち愛を、完全には得られないかもしれない旅路にある、物乞いなのです。

　他方で、まったく別の愛、「天におられる」御父の愛があります。この愛の受け手にはなれないのではと疑う必要はありません。このかたはわたしたちを愛しておられます。「わたしを愛しておられる」、そういえるのです。たとえ父や母に愛されなかったとしても――これは歴史が示す仮説です――、天におられる神は、地上ではだれもなしえなかった、またこれからもなしえないようなかたちで、わたしたちを愛しておられます。神の愛は絶えることなく続きます。預言者イザヤがいうとおりです。「女が自分の乳飲み子を忘れるであろうか。母親が自分の産んだ子をあわれまないであろうか。たとえ、女たちが忘れようとも、わたしがあなたを忘れることは決してない。

見よ、わたしはあなたをわたしの手のひらに刻みつける」（イザヤ49・15―16）。近ごろはタトゥーがはやっていますが、「わたしはあなたを、わたしの手のひらに刻みつける」とは、わたしは手に、あなたのタトゥーを入れるということです。わたしは神の手の中にいます。そして、決して取り除かれることはありません。神の愛は、母の愛のようなものです。決して忘れることがありません。忘れる母がいたとしても、「わたしは決して忘れない」と主はいわれます。これこそが神のまったき愛です。わたしたちはそのように、神に愛されています。たとえ、この世の愛がすべて砕け散り、手には塵《ちり》だけが残るとしても、わたしたち皆のための、神の、熱く燃える、唯一無二の忠実な愛があるのです。

だれもが覚える愛の渇きによって、わたしたちはありもしないものにあこがれているのではありません。そうではなくそれは、父である神を知るようにとの招きなのです。たとえば、聖アウグスチヌスの回心もその過程を経ました。若くて華麗な修辞学の教師は、いかなる被造物も彼に与えることはできないものを、被造物の中にやみくもに求めていましたが、ついに、視線を上げる勇気をもつ日を迎えます。そうしてその日、彼は神を知りました。愛してくださる神を知ったのです。

「天におられる」という表現は、遠い距離をではなく、愛の決定的な違い、愛の別の次元、飽くことを知らぬ愛、いつまでもとどまる愛のことを、むしろ、手を伸ばせばいつでも届くところにある愛を表そうとしています。「天におられるわたしたちの父よ」といえば十分です。そうすれば愛が訪れます。

　ですから恐れないでください。わたしたちはだれも、独りぼっちではありません。もしあなたが、不幸にもこの世の父親から顧みられず、その父親を恨んでいるとしても、あなたはキリスト教の信仰の基礎的経験から拒まれているわけではありません。それは、神からこよなく愛されている子であること、あなたへの神の熱い愛を消し去るものなど人生には何一つないことを知る経験です。

（二〇一九年二月二十日、パウロ六世ホールにて）

み名が聖とされますように

愛する兄弟姉妹の皆さん、おはようございます。

冬も終わりに近づいたようで、広場に戻ってきました。この広場にようこそ。主の祈りをあらためて見つめる旅を続けていますが、今日は主の祈りの七つの嘆願の中の最初のもの、「み名が聖とされますように」を深めましょう。

主の祈りに出てくる願いは七つですが、大きく二部に分けられます。前半の三つは父なる神である「あなた」を、後半の四つは「わたしたち」とわたしたち人間の必要を中心にしています。前半部では、皆が御父に向かうようにというご自分の願いに、イエスがわたしたちをあずからせてくださいます。「み名が聖とされますように。み国が来ますように。み心が天に行われるとおり地にも行われますように」。後半部では、イエスご自身がわたしたちの中に加わられ、日ごとの糧、罪のゆるし、誘惑からの助け、悪からの解放という願いの仲介をしてくださいます。

ここには、キリスト者のすべての祈り――人間のあらゆる祈りともいえるでしょう――の原型があります。神について、その神秘について、神の美と善についての観想であると同時に、生きるために、よりよく生きるために必要なものについての、真剣でためらいのない要望です。このように、簡潔さと不可欠性を伴う主の祈りは、祈る人に対し、無駄にことばを費やさないよう教えています。イエスご自身がいっておられるように、「あなたがたの父は、願う前から、あなたがたに必要なものをご存じ」（マタイ6・8）なのです。

神と話すのは、心にあることを神に明かすためではありません。神はわたしたちよりもずっとよくわたしたちの心をご存じです。わたしたちに神が神秘であっても、神の目にわたしたちは謎ではありません（詩編139・1―4参照）。神は、わが子を一目見るだけで、その子が楽しんでいるのか、悲しいのか、正直なのか、何か隠しているのか、すっかり見通せてしまう母親のようなかたです。

ですからキリスト者の祈りの初めの一歩は、神に、み摂理に、自分自身をゆだねることです。それは、「主よ、あなたはすべてご存じです。わたしの苦しみをあえてあなたに語る必要はありません。わたしのそばにいてくださること、それだけを願います。あなたはわたしの希望です」というのと同じことです。興味深いことに、山上の説教でイエスは、主の祈りの文言を伝えるとすぐ、物事について思い煩ってはならないと促しています。一見すると矛盾しています。最初に日ごとの糧を願い求めるよう教え、次に「「何を食べようか」「何を飲もうか」「何を着ようか」といって、思い悩むな」（マタイ6・31）といっているのです。ですが矛盾しているかのように見えるだけです。キリスト者の頼み事は、御父への信頼を表しています。そしてその信頼があるからこそ、わたしたちは心配も動揺もせずに、必要なものを願い求めることができるのです。

だからこそ、わたしたちは「み名が聖とされますように」と祈るのです。まず最初にある「み名が聖とされますように」という願いには、御父の美と偉大さに対するイエスの賛美のすべてと、皆が神の真の姿を知り、そうして神を愛するようにという願望とが感じられます。また、わたしたちの間で、わたしたちの家族、共同体、そして全世界で、その名が聖とされるようにという祈願でもあります。ご自分の愛でわたしたちを聖化し、変えてくださるのは神ですが、同時にわたしたちも、自分たちのあかしをもって世に神の聖性を明らかにし、み名を明かす者となります。神は聖ですが、もしわたしたちに、わたしたちの生き方に聖性がないならば、大きな矛盾が生じてしまいます。神の聖性は、わたしたちの行い、わたしたちの生活に映し出されなければなりません。「わたしはキリスト者です。神は聖です。でもわたしはあれこれ悪さをします」。だめです。それはいらぬことです。いらぬどころか余計ひどく、不興でしらけさせます。

神の聖性は広がりゆく力であり、わたしたちはこの世界の障壁を今すぐ砕いてほしいと神に請い求めます。イエスが教えを説き始めると、最初に報いを受けるのは、まさしく世を苦しめる悪です。悪霊に取りつかれた人はののしります。「ナザレのイエス、かまわないでくれ。われわれを滅ぼしに来たのか。正体は分かっている。神の聖者だ」（マルコ1・24）。それは、それまでだれも見たことのない聖性でした。自分を顧みず、むしろ外へと伸びてゆくものです。聖性――イエスの聖性――とは、池に石を投げ入れたときのような、同心円を描いて広がるものです。悪霊に残された時は、わずかです。悪霊は永遠ではありません。悪霊はもはやわたしたちに害を及ぼすことはできません。悪霊の家を奪い取る、強い人が来られたからです（マルコ3・23―27参照）。この強い人こそイエスで、内なる家を手に入れる力をわたしたちに与えてくださるかたです。

祈りは、不安をすべて消し去ります。御父はわたしたちを愛しておられ、御子はわたしたちを助けようとその腕を広げておられ、聖霊は世のあがないのために人知れず働いておられます。わたしたちはどうでしょうか。確かさをもてずにふらついていてはなりません。むしろ強い確信をもちましょう。神はわたしを愛しておられる、イエスはわたしのためにいのちを差し出してくださる、聖霊はわたしの中におられる、と。これこそがいちばん確実なことです。では悪霊はどうでしょうか。悪霊は恐れています。それでよいのです。

（二〇一九年二月二十七日、サンピエトロ広場にて）

み国が来ますように

愛する兄弟姉妹の皆さん、おはようございます。

「わたしたちのお父さん」（訳注：「主の祈り」を指す）に祈る際に、神に向かってささげる二番目の嘆願は、「み国が来ますように」（マタイ6・10）です。信者はみ名が聖とされるよう祈った後で、み国の到来を急《せ》く願いを表します。この願いはいわば、イエスご自身の心からわき出ています。「時は満ち、神の国は近づいた」（マルコ1・15）と宣言し、ガリラヤで説き始めたキリストの心です。そのことばは決して脅しではなく、むしろ、うれしい知らせ、喜ばしいメッセージなのです。イエスは、神の審判が迫ることへの恐怖心や、悪いことをしたという罪悪感をあおることで、回心を迫ろうとしているのではありません。イエスは信仰を押しつけません。ただひたすら告げるのです。イエスがもたらすのは、救いであるよい知らせ、そしてそこから始まる回心の呼びかけです。すべての人が、「福音」を信じるよう招かれています。神の統治が、その子らのもとに迫っているという知らせです。神が治める国が神の子らのもとに来る、というのが福音です。だからイエスはこのすばらしいことを、この恵みを告げるのです。父なる神はわたしたちを愛しておられ、わたしたちのそばにいてくださり、聖性への道を歩むよう教えてくださいます。

み国の到来のしるしはたくさんありますが、どれも明るいものです。イエスは、いやすことをもってご自分の役務を始めます。身体や精神に病を抱えた人、社会から疎外された人——たとえば重い皮膚病を患う人——、そして罪人のいやしです。罪人は、だれからも、実際は彼ら以上に罪人でありながらも正しい者だと偽る者——こうした者たちをイエスは「偽善者」と呼びました——からさえも、さげすみの目で見られていました。イエスご自身が、到来のしるし、神の国のしるしを示しておられます。「目の見えない人は見え、足の不自由な人は歩き、重い皮膚病を患っている人は清くなり、耳の聞こえない人は聞こえ、死者は生き返り、貧しい人は福音を告げ知らされている」（マタイ11・5）。

「み国が来ますように」——キリスト者は「わたしたちのお父さん」に祈るとき、熱心にこれを繰り返します。イエスは来られました。ですが、世にはまだ罪のしるしが記され、和解せずゆるさない人によって、戦争によって、あるいはたとえば児童の人身売買などのようなさまざまな搾取によって、苦しんでいる人が大勢います。そうした事態はどれも、キリストの勝利がまだ完全には実現されていないことを表すしるしです。たくさんの人が、まだ心を閉ざして生きています。こうした状況にあるからこそ、キリスト者の口から、主の祈りの第二の嘆願、「み国が来ますように」が出てくるのです。それは、こんなふうに訴えているのです。「お父さん、わたしたちにはお父さんの力が必要です！　イエス様、わたしたちにはあなたが必要です！　どこででも、いつでも、あなたにはわたしたちの間の主でいてほしいのです」。「あなたの国が実現しますように。わたしたちのただ中に、あなたがいてくださいますように」。

「どうして神の国がなかなか訪れないのだろう」、そう思うときもあります。イエスはよく、たとえという表現法を用いてご自分の勝利について語ります。たとえば、神の国とは、よい麦と毒麦とが一緒に育つ畑のようだといわれます。いちばんたちの悪い過ちは、即座に介入して、よくないものに見える芽を世界から抜き去ろうとすることです。神はわたしたちとは違います。神は辛抱強いかたです。力づくでみ国をこの世に築かれるのではありません。その拡大のしかたは、柔和です（マタイ13・24―30参照）。

　もちろん、神の国には強い力が、何よりも強い力があります。ですがそれは、この世の尺度で量るものではありません。ですから、絶対的覇権を手にしたようにはまったく見えないのです。それは、粉に練り込んだパン種のようなものです。目には見えなくなっても、まさしくそれが生地全体を膨らませます（マタイ13・33参照）。また、からし種にも似ています。あまりに小さく、ほとんど目に見えないものですが、爆発的な成長力を内包しており、いったん成長し始めると、庭のどの木よりも大きく育ちます（マタイ13・31―32参照）。

神の国のそうした「行方」は、イエスの生涯を思わせます。同世代の人にとっては、イエスもまた弱々しく映り、当時の歴史家にさえほとんど知られていませんでした。イエスはご自分を、地に落ちて死ぬが、そうしてのみ「多くの実を結ぶ」「一粒の麦」だと表現なさいました（ヨハネ12・24参照）。象徴である種は多くを物語ります。あるとき農夫が大地に種を埋めると（埋葬に似た動作）、次に、「夜昼、寝起きしているうちに、種は芽を出して成長するが、どうしてそうなるのか、その人は知らない」（マルコ4・27）のです。種が芽を出すのは、それを蒔《ま》いた人の働きというよりも、神のわざです（マルコ4・27参照）。神はつねにわたしたちに先んじておられ、いつも驚かせてくださいます。神のおかげで、聖金曜日の闇の後には、全世界を希望で照らす力をもった、復活の夜明けが訪れるのです。

「み国が来ますように」。この嘆願を、わたしたちの罪と過ちの中に蒔きましょう。これを、人生に打ちのめされ、挫折した人に、愛よりも憎しみばかりを味わった人に、なぜかも分からずにむなしく日々を過ごしている人に、差し出しましょう。正義のために闘っている人に、歴史の上のすべての殉教者に、そして、自分たちの奮闘は無駄だった、この世ではつねに悪が支配している、そうした結論に至った人に、この嘆願を差し出しましょう。そうすればわたしたちは、主の祈りへの返答を感じるでしょう。そのかたは、数えきれないほど何度も、この希望のことばを繰り返すでしょう。そのかたの霊は、このことばで聖書全体を締めくくっています。「然《しか》り、わたしはすぐに来る」、これが主の返答です。「すぐに来る」——、そうなりますように、アーメン。そして主の教会は、「主イエスよ、来てください」（黙示録22・20参照）とこたえるのです。「み国が来ますように」は、「主イエスよ、来てください」というのと同じです。そしてイエスは「わたしはすぐに来る」といっておられます。だからイエスは、ご自分のなさり方で、ただし毎日来ておられます。そう信じましょう。ですから主の祈りを祈るときにはいつも、「み国が来ますように」といいます。それは心の中で、「はい、わたしは行くよ。すぐに行くよ」との声を聴くためです。ご清聴ありがとうございます。

（二〇一九年三月六日、サンピエトロ広場にて）

み心が行われますように

愛する兄弟姉妹の皆さん、おはようございます。

主の祈りに関する連続講話を続けていますが、今日は三番目の嘆願「み心が行われますように」について考えましょう。これは、先行する二つの嘆願、「み名が聖とされますように」「み国が来ますように」と一体にして解釈されるべきです。そうすれば、全体で「み名が聖とされますように」「み国が来ますように」「み心が行われますように」という三幅対《トリプティク》を形成するからです。今日はその三つ目について話しましょう。

人間が世界に配慮するよりも前に、神が人間と世界に向ける倦《う》むことのない配慮があります。福音全体に、このような視点の転化が表れています。罪人ザアカイはイエスを見たくて木に登りましたが、はるかに先に、神が自分を捜してくださっていることが分かっていません。イエスはその場に来ると彼にいいます。「ザアカイ、急いで降りて来なさい。今日は、ぜひあなたの家に泊まりたい」（ルカ19・5）。そしてイエスは最後に次のようにはっきりといいます。「人の子は、失われたものを捜して救うために来たのである」(10節)。これこそが神の望みであり、そうなるようわたしたちが祈るものです。イエスにおいて受肉した、神の望みとは何でしょうか。それは、失われたものを捜して救うことです。だからわたしたちは祈りによって、神による捜索が成功すること、神の救いの普遍的計画が実現すること、しかもわたしたち一人ひとりの元から始まり、次いでそれが全世界で行われることを求めるのです。自分を神が捜しておられることの意味を考えたことはありますか。だれもがこういうかもしれません。「いや。本当に神はわたしを捜しているのですか」。「もちろん。あなたのことも、わたしのことも捜しておられます」。皆を、一人ひとりを捜しておられます。なんと神は偉大なのでしょう。そのすべての背後に、どれほど大きな愛があることでしょう。

神は、はっきりしないかたではありません。神は暗号に隠れたりはしませんし、解読できないかたちで世界の未来を計画したのではありません。違います。神は明快です。このことが分からなければ、主の祈りの三つ目のことばの意味が理解できないおそれがあります。聖書はまさに、世界に向けられた神の前向きな意欲を伝える表現であふれています。『カトリック教会のカテキズム』には、神のこうした忠実で辛抱強い意欲を証言する引用がいくつもあります（2821—2827参照）。聖パウロは、テモテへの第一の手紙の中で次のように記しています。「神は、すべての人々が救われて真理を知るようになることを望んでおられます」（2・4）。これこそが、疑いもなく神の願いです。人間の救い、人々の救い、わたしたち一人ひとりの救いです。神は愛をもって、わたしたちの心の扉をたたいておられます。何のためでしょうか。わたしたちを引き寄せるためです。わたしたちをご自身に向けて引き寄せ、救いの道を先に進ませるためです。神はわたしたちの手を取って救いへと導こうと、一人ひとりに愛をもって寄り添っておられます。そこに、どれほどの愛があることでしょう。

　ですから、「み心が行われますように」と祈るときには、奴隷のごとく、卑屈に頭を下げるよう求められているのではありません。違います。神はわたしたちを解放したいと望んでおられます。神の愛は、わたしたちを自由にするのです。事実、主の祈りは、子らによる祈りであって、奴隷の祈りではありません。しかも、父親の心を知り、愛によるその計画を信頼する子どもたちの祈りです。いくらこの祈りを唱えても、うんざりさせられる運命に降伏して肩をすくめているならば、わたしたちは不幸です。そうではないのです。これは、わたしたちの幸せと、いのちと、救いを望んでおられる神に対する、熱い信頼にあふれた祈りなのです。挑戦的でさえある、果敢な祈りです。世界には多くの、あまりに多くの、神のみ旨にかなわぬ現実があるからです。だれしも、そうした現実に触れています。預言者イザヤのことばをかみ砕いて、次のようにいうことができます。「お父さん、ここです。戦争、権力濫用、搾取があります。でもあなたが、わたしたちの幸せを願っておられることを、わたしたちは知っています。ですからどうかお願いします。み心が行われますように。主よ、世の計画を覆してください。剣《つるぎ》が鋤《すき》になるよう、槍《やり》が鎌になるようにしてください。もうだれも、戦術の訓練をしないでよいようにしてください」（2・4参照）。神は平和を望んでおられます。

　主の祈りは、御父のみ旨に対するイエスの愛と同じ愛を、わたしたちの中に燃え立たせる祈りです。愛によって世界を変えるよう、わたしたちを刺激する炎です。キリスト者は、逃れられない「宿命」を信じません。キリスト教信仰には、偶然のようなものはありません。それどころか、各自の生に現れ出て、永遠に実現し続けようと待っている救いがあります。神は善をもって悪に打ち勝つことで現実を変えることができ、それを望んでおられる、そう信じて祈るのです。もっとも困難な試練にあるときにも、この神に従って身をゆだねることが大切なのです。

　ゲツセマネの園で、激しく苦悩し祈っておられたイエスもそうでした。「父よ、み心なら、この杯《さかずき》をわたしから取りのけてください。しかし、わたしの願いではなく、み心のままに行ってください」（ルカ22・42）。イエスはこの世の悪につぶされますが、御父のみ心である愛の海に、信頼をもって身をゆだねます。殉教者も、その試練の中にあって、死ではなく、死後の復活を求めていました。神は愛ゆえに、困難な道を歩ませ、傷や茨の痛みを味わわせているのであって、決してわたしたちを見捨てはしません。神はいつだってわたしたちとともにおられ、わたしたちに寄り添い、わたしたちの間におられます。信者にとって、これは希望以上のもの、確信です。神はわたしとともにいるのです。いつも祈っていることの必要を記したルカによる福音書のあのたとえ話にも、それを見ることができます。イエスはいわれます。「まして神は、昼も夜も叫び求めている選ばれた人たちのために裁きを行わずに、彼らをいつまでもほうっておかれることがあろうか。いっておくが、神は速やかに裁いてくださる」（18・7―8）。主はこのようなかたです。主はこのようにわたしたちを愛し、このようにわたしたちを大事に思っておられます。さあ一緒に、主の祈りを祈りましょう。イタリア語を話さない人は、ご自分の言語で祈ってください。皆で祈りましょう。天におられるわたしたちの父よ……。

（二〇一九年三月二十日、サンピエトロ広場にて）

わたしたちの日ごとの糧をお与えください

愛する兄弟姉妹の皆さん、おはようございます。

今日から主の祈りの後半の分析を始めます。わたしたちが必要としているものを、神に示す部分です。この後半部は、糧という日常生活の匂いのすることばから始まります。

イエスの祈りは、物乞いの哀願のような、切実な願いで始まります。「日ごとの糧をお与えください」。これは、わたしたちが忘れがちな一つの明白な事実から生まれたものです。すなわち、わたしたちは自足できる被造物ではなく、毎日何かを食べる必要があるという事実です。

聖書にあるように、とても多くの人にとって、イエスとの出会いは何かの要求から始まります。イエスは格調高い祈りではなく、むしろ、人間存在のすべて、ごく具体的で日常的な問題を含めたすべてが祈りとなるよう求めておられます。福音書には、解放と救いをしつこく懇願する人が大勢登場します。ある人はパンを、ある人はいやしを、また別の人は清めを、視力を求める人もいます。あるいは、愛する人を生き返らせてほしいと願う人もいます。イエスは決して、こうした願い、こうした苦しみに、無関心なままやり過ごすことはありません。

だからイエスは、日々の糧を御父に求めるよう教えておられるのです。そしてまた、大勢の日々不安と隣り合わせの人にとっては、大抵は声にならない悲痛な叫びであるこの祈りを、ともにするよう教えておられます。今日もなお、どれほど多くの親たちが、子どものための明日の食料を満足に手に入れられない苦しみをもって床に入ることでしょう。想像してみてください。この祈りが安全で快適な家の中ではなく、生活するうえでの必要にすら事欠く、心もとない間に合わせの部屋で祈られていることを。イエスのことばが新たな意味を帯びてきます。キリスト教の祈りは、この水準から生まれます。それは苦行とは違います。現実から出発し、生活に困窮する人、また生活必需品にも事欠く人と思いを同じくする人の、心や身体から生まれるものです。「父よ、わたしたちのために、すべての人のために、今日必要なパンが与えられますように」——いかに高名なキリスト教神秘思想家であっても、この祈りの単純さは無視できません。「パン」は、水、医薬品、住居、仕事でもあります。生きるのに必要なものを願い求めるのです。

　キリスト者が祈りで願う糧は、「わたしの」ではなく、「わたしたちの」です。それこそ、イエスが望んでおられることです。自分のためだけでなく、世界の全兄弟のために、それを願うよう教えておられます。もしそう祈らない者がいるなら、主の祈りはキリスト者の祈りではなくなります。神はわたしたちのお父さんなのですから、わたしたちが手を取り合わずに神の前に立つことなど、どうしてできるでしょう。わたしたち全員です。お父さんがくださった糧を互いに盗み合うなら、父の子らだと名乗ることなどどうしてできるでしょう。この祈りには、共感の姿勢、連帯の姿勢がありま す。自分の空腹を通して大勢の人の飢えを感じ、彼らの願いが聞き入れられるよう神に祈るのです。このようにイエスは、すべての人の必要を神に伝えるよう、ご自分の共同体、教会に教えておられます。「わたしたちは皆、あなたの子どもです。父よ、わたしたちをあわれんでください」。ではここでしばらく、飢餓に苦しむ子どもたちのことを思い起こしましょう。紛争地域の子どもたち、イエメンでお腹をすかせる子どもたち、シリアの飢えた子どもたち、そして多くのパンのない国で飢餓に苦しむ子どもたち、南スーダンの子どもたちのことを思い起こしましょう。そうした子どもたちを心に留め、彼らを思い、ご一緒に大きな声で祈りましょう。「父よ、日ごとの糧を今日もお与えください」。皆でご一緒に。

わたしたちが祈りによって主に求めたパンによって、いつの日かわたしたちはとがめられることになります。その糧を親しい人との間だけで分かち合ったり、わずかしか共有しなければとがめられます。人類に与えられたパンなのに、一部の人だけが食べています。愛はこれに耐えられません。わたしたちの愛は、それを受け入れられません。神の愛も、パンを分け合わないというこの自己本位を受けつけません。

あるとき、イエスの前にお腹をすかせた大群衆がいました。イエスは何かもっている人はいないかと尋ね、一人の少年だけが自分の五つのパンと二匹の魚を差し出しました。イエスはこの惜しみない行為を倍増してくださいました（ヨハネ6・9参照）。この少年は、主の祈りの教えが分かっていました。糧とは私的な所有物ではないということです。これを心に刻んでください。糧は私的な所有物ではなく、神の恵みをもって、分け合うべき摂理なのです。

あの日イエスが行ったまことの奇跡は、増やすことではなく――それも事実ですが――分かち合うことです。あなたがもっているものを差し出せば、わたしは奇跡を行うというものです。イエスご自身は、差し出されたパンを増やすことで、聖体のパンによってご自分を差し出すことを前もって伝えてくださいました。聖体だけが、無限にかき立てられる神への飢え渇きを満たすことができます。それが、日ごとの糧を求めていようとも、各人を息づかせるのです。

（二〇一九年三月二十七日、サンピエトロ広場にて）

わたしたちの罪をおゆるしください

愛する兄弟姉妹の皆さん、おはようございます。あまりよい天気ではありませんが、今日もよい一日になりますように。

日ごとの糧を神に願った後、主の祈りは他者とのかかわりという領域に入ります。イエスは、次のように御父に願いなさいと教えておられます。「わたしたちの負い目をゆるしてください、わたしたちも自分に負い目のある人をゆるしましたように」（マタイ6・12）。パンが必要なように、ゆるしも必要です。しかも毎日必要です。

祈りをささげるキリスト者は、何よりも自分の負い目、つまり自分の罪、犯した悪行のゆるしを神に願います。あらゆる祈りに共通する第一の真理はこうです。たとえ完璧な人であっても、また、高徳な生活を崩さない一点の曇りもない聖人であっても、それでもわたしたちは、すべてを御父から得る子どもなのです。キリスト者一人ひとりの生活にとっていちばん危険な態度とは何でしょうか。思い上がりです。主にいつもきちんと従っているという思いで、神の前に立つ人の態度です。思い上がる人は、自分はきちんと生きていると思っています。たとえ話の中のファリサイ派の人と同じです。神殿で祈っているつもりでいますが、実際には、神の前で自画自賛しているのです。「主よ、わたしがほかの者たちのようではないことを感謝します」と。自分は非の打ちどころがないと思っている人、他者を批判する人は、思い上がった人です。わたしたちのだれ一人、非のない人などいないのですから。それに引き替え、罪人として皆にさげすまれ、神殿の後方にいた徴税人は、神殿の敷石の手前に立って、自分には中に入って神のいつくしみにあずかる資格はないと考えています。イエスは次のように説かれます。「いっておくが、義とされて家に帰った」、すなわち、ゆるされて救われたのは、「この人であって、あのファリサイ派の人ではない」（ルカ18・14）。なぜでしょう。徴税人は思い上がらず、自分の限界と罪を認めたからです。

目に見える罪もあれば、見えない罪もあります。世間を騒がせる派手な罪もあれば、知らぬ間に心に忍び込む狡猾な罪もあります。その中でも最悪なのが思い上がりです。この罪は、敬虔に修道生活を送る人にも及びます。十七世紀、ジャンセニスムの時代に、名の知れた修道会がありました。修道女たちには非の打ちどころがなく、天使のごとく清らかで悪魔のように尊大だといわれていました。それではいけません。罪は兄弟を引き裂きます。罪は自分が他者より優れていると思わせます。自分を神のようだと思わせるのです。

そうではありません。神の前では、わたしたちは皆罪人であり、胸を打つにしかるべき理由があります。神殿にいた徴税人のように、一人残らずです。聖ヨハネは第一の手紙にこう記しています。「自分に罪がないというなら、自らを欺いており、真理はわたしたちの内にありません」(一ヨハネ1・8)。もし自分を欺きたいのなら、罪を犯していないといえばいいのです。そうすれば自分を欺いたことになります。

この生において、わたしたちは実に多くのものを受けました。人生、父と母、友情、被造物の輝き……。だからこそわたしたちは、恩を受けた者、負い目のある者です。たとえ苦しい日々を送っていても、忘れずにいなければなりません。いのちは恵みであること、無であるところから神が引き出してくださる奇跡だということを。

わたしたちが負い目ある者である第二の理由は、たとえ愛を行えたとしても、自分の力だけでそれを成しえる者など一人としていないからです。まことの愛とは、行いとなる愛のことですが、それは神の恵みによるのです。自分自身の光で輝く者はだれもいません。古代の神学者が「月の神秘」と呼んだものが、教会の特性にだけでなく、わたしたち一人ひとりの人生にも当てはまります。この「月の神秘」とは、どのようなことでしょう。それは、自分自身は発する光をもたずに太陽の光を反射する、月のようなものだということです。わたしたちも自分自身に光はもっていません。わたしたちの光は、神の恵みを、神の光を反射する光です。もしあなたが愛を行うならそれは、子どものころに、だれか、あなたではない人が、あなたを微笑ませ、微笑み返せるよう教えてくれたからです。あなたが愛を行うのは、そばにいるだれかが、あなたを愛に目覚めさせ、生きる意味はその中にあるのだと理解させてくれたからなのです。

過ちを犯してしまった人の話に耳を傾けてください。抑留者、囚人、薬物依存症者などです。わたしたちは、人生において過ちを犯した人を大勢知っています。当の本人に責任があるのはもちろんですが、あなたは時々、果たしてその罪のとがめを受けるべきはいったいだれなのだろう、当人の道徳意識だけの問題なのか、それとも、だれかが抱く憎しみや、だれかから見捨てられたことの結果なのかと考えるはずです。

月の神秘とは次のようなものです。わたしたちが愛を行うのは、ほかでもなく愛されたからです。ゆるすのは、ゆるされたからです。人は太陽の光に照らされていなければ、冬の畑のように氷で覆われてしまいます。

わたしたちに先立つ愛の鎖に結ばれていながら、神の愛の摂理的な存在を認めずにいることなど、どうしてできるでしょう。だれも、神が愛してくださるようには愛せません。このアンバランスを理解するには、十字架の前に立てばよいのです。神はわたしたちを愛し、いつも先に愛してくださいます。

ですから祈りましょう。主よ、わたしたちの中でいちばんの聖人であっても、あなたへの債務を帳消しにはできません。どうか父よ、わたしたち皆に、あわれみを注いでください。

（二〇一九年四月十日、サンピエトロ広場にて）

わたしたちも人をゆるします

愛する兄弟姉妹の皆さん、おはようございます。

今日は、「わたしたちも自分に負い目のある人をゆるしましたように」（マタイ6・12）ということばを掘り下げて、主の祈りの五番目の嘆願についての講話を終えます。これまで見てきたように、人は、神のみ前では負い目ある者です。自然や恵みというかたちで、すべてのものを神から受けてきています。わたしたちのいのちは、神から望まれただけではなく、愛されたものです。祈ろうと手を合わせるとき、慢心の入り込む余地はまったくありません。教会には、独力で仕上がった人、「セルフメイドマン」はいません。わたしたちは皆、神に負い目ある者であると同時に、好意的な生活環境を与えてくれた多くの人に恩義ある者です。わたしたちのアイデンティティは、受けた恵みによって形成されます。真っ先にあるのが、いのちです。

祈る人は、「ありがとう」がいえるようになります。わたしたちは「ありがとう」

と口に出すのを忘れがちです。自分のことしか考えていません。祈る人は、「ありがとう」という習慣を身に着け、いつくみを注いでくださいと神に願います。わたしたちがどんなに努力をしても、神への負い目はなくなることがなく、その恩は返せるものではありません。神はわたしたちが神を愛する以上に、どこまでも愛しておられます。それにまた、キリスト教の教えに従って生きようとどんなに努めても、人生の中ではゆるしを求めなければならないことが必ず起きます。怠惰に過ごした日々のことや、憎しみにとらわれていたときのことなどを考えてみましょう。残念ながら決して珍しくないそうした経験は、「父なる主よ、わたしたちの負い目をおゆるしください」と請い願うよう駆り立てます。わたしたちはこのように、神にゆるしを請います。

よく考えると、祈願は前半部分だけで、それだけでも十分なようにも思えます。ところがイエスは、前半と一体となるよう、後半の表現を前半につなげます。神からのいつくしみという縦の関係が屈折して、今度はそれが兄弟姉妹とわたしたちとで生きる新たな関係、横の関係に変換するよう呼ばれます。いつくしみの神は、いつくしみ深くなるようわたしたち皆を招いておられます。祈願の後半は、「ように」で結ばれた副詞句になっています。わたしたちの負い目を、わたしたちの罪をおゆるしくださいと主に願いますが、それは、わたしたちが友、同居人、隣人、自分にひどいことをした人をゆるした「ように」なのです。

キリスト者は皆、そのかたによる罪のゆるしがあることを知っています。神はすべてを必ずゆるしてくださることを、わたしたちは皆知っています。イエスは神のみ顔について弟子たちに説くとき、優しいいつくしみという表現でそれを描いておられます。悔い改める一人の罪人には、回心の必要のない大勢の正しい人よりも、ずっと大きな喜びが天にあると、イエスはいっておられます（ルカ15・7、10参照）。再び抱きしめてもらいたいと願う人の罪を、神がゆるさないと疑わせるような箇所は、福音のどこにもありません。

神の恵みはこんなにも豊かですが、そこにはつねに義務が伴います。多くを受けた人は、多くを与えるすべを、受けたものを自分だけにとどめておかないすべを身に着けなければなりません。マタイによる福音書が、七つの祈願文から成る主の祈りの文言を記した直後に、兄弟どうしのゆるしについての祈願を強調するのは偶然ではありません。「もし人の過ちをゆるすなら、あなたがたの天の父もあなたがたの過ちをおゆるしになる。しかし、もし人をゆるさないなら、あなたがたの父もあなたがたの過ちをおゆるしにならない」（マタイ6・14―15）。実にはっきりしています。「あの人を絶対にゆるさない。

あの人たちがわたしにしたことは決してゆるさない」ということばを耳にすることは少なくありません。ですが、あなたがゆるさないのなら、神はあなたをおゆるしになりません。あなたが扉を閉ざしています。自分はゆるすことができるのかできないのか、考えてみましょう。以前別の教区にいたころ、ある司祭が死の間際にあった高齢女性のもとに病者の塗油の秘跡を授けにいったときのことを、悲しげに話してくれました。気の毒なその女性は、もう話すことができませんでした。それで司祭はいいました。「マダム。あなたは自分の罪を悔い改めますか」。その女性は、はいと答えました。もう罪の告白はできませんでしたが、はい、と答えたので、それで十分でした。次に「人をゆるしますか」と尋ねると、女性は死の床で「いいえ」といったのです。司祭は胸を痛めていました。ゆるさなければ、神からもゆるされないからです。ここにいるわたしたちも考えてみましょう。ゆるすでしょうか、また、ゆるせるでしょうか。「父よ、わたしにはできません。あんなにひどいことをした人たちを、ゆるすことなどできません」。もしできないのなら、ゆるすための力を与えてくださるよう主に願ってください。主よ、ゆるすことができるよう助けてください。ここに、神への愛と隣人への愛との結びつきがあります。愛は愛を呼びます。ゆるしはゆるしを呼びます。マタイ福音書にはもう一つ、兄弟のゆるしに関する意味深いたとえ話があります（18・21―35参照）。耳を傾けてみましょう。

主君に多額の借金をした家来がいました。一万タラントンもです。とても返せる額ではありません。今だといくらぐらいに相当するのかわたしには分かりませんが、数百億か、とにかく莫大な額であることは確かです。ところが奇跡が起きて、その家来は支払いを延期してもらうのではなく、全額帳消しにしてもらいます。願ってもない幸運です。しかしその直後、ほかでもなくその家来が、それよりずっと少額の、百デナリオンを彼から借りている仲間を叱《しか》りつけます。それは大した金額ではなかったのに、言い訳も懇願もいっさい受けつけません。なので最後には、主君はこの家来を呼び戻して断罪するのです。ゆるす努力をしなければ、あなたはゆるされません。愛する努力をしなければ、あなたも愛されないでしょう。

イエスは人間の関係の中に、ゆるす力を加えてくださいます。人生では、すべてが正義によって解決されるわけではありません。そうではありません。とりわけ、悪を食い止めなければならない場合には、恵みの物語を取り戻すために、人はどこまでも愛さなければならないのです。悪魔は報復にたけています。報復をやめなければ、それは蔓延し、全世界を窒息させる危険があります。

報復のおきて――自分がされたことをやり返す――を、イエスは愛のおきてに取り換えてくださいました。神がわたしにしてくださったことを、今度はわたしがあなたにしましょう、というのです。このすばらしい復活の八日間に当たる今日、自分はゆるすことができるかを考えてみましょう。できそうもないと思ったら、ゆるす恵みを主に願い求めなければなりません。ゆるせるということは、一つの恵みだからです。

神はすべてのキリスト者に対して、その兄弟姉妹の、とりわけ、何か不愉快なことや、してはいけない行動を取った兄弟の人生に、温かな物語を書き添える恵みを与えておられます。ことばや抱擁や笑顔を通してわたしたちは、自分が受けたものの中でもっとも貴重なものを、他者に手渡すことができます。受けた中でもっとも貴重なものとは何でしょう。ゆるしです。わたしたちも他の人に与えられるようになるべきものです。

（二〇一九年四月二十四日、サンピエトロ広場にて）

わたしたちを誘惑におちいらせないでください

愛する兄弟姉妹の皆さん、おはようございます

主の祈りに関する講話の続きで、今日は最後から二番目の嘆願、「わたしたちを誘惑に陥らないよう導き……ください」（マタイ6・13〔フランシスコ会訳〕）になります。「誘惑に遭わせないでください」という表現が用いられることもあります。主の祈りは穏やかに始まります。まず、神の偉大な計画がわたしたちの間で実現するよう願わせます。次に、生活に目を向けさせ、毎日必要なもの、「日々の糧」を求めさせます。それから、利己心によって損なわれがちな、わたしたちの人との関係に向かいます。わたしたちはゆるしを願い、自分たちもそうすることを約束します。しかし天の御父とわたしたちとの対話が、頂点ともいえる、わたしたちの自由と悪魔の策謀との対決の場へと踏み込むのは、この最後から二番目の嘆願です。

ご存じのように、福音書のギリシア語原文の表現を正確に言い表すことは困難で、

現代の翻訳にはどれも、どこか足りないところがあります。しかし、一つの要素については満場一致で合意できます。テキストをどう理解しようとも、人間の歩みを脅かす誘惑の主が神であるとするのは、絶対に避けなければならないのです。まるで、神ご自身が罠《わな》を仕掛けて、ご自分の子らを陥れるべくたくらむかのようにです。そのような解釈は、何よりもまずテキストそのものに反しますし、イエスがわたしたちに明かしてくださった神のイメージからも懸け離れています。主の祈りが、「お父さん」という呼びかけで始まることを忘れないでください。父親はわが子に罠を仕掛けたりしません。キリスト者がかかわる神は、人間と張り合ったり、人間を試して喜んだりするような嫉妬深い神ではありません。それらは多くの異教の神の姿です。使徒ヤコブの手紙に記されているように、「誘惑に遭うとき、だれも、「神に誘惑されている」といってはなりません。神は、悪の誘惑を受けるようなかたではなく、また、ご自分でも人を誘惑したりなさらないからです」（ヤコブ1・13）。その逆です。御父は悪の創造者ではありません。魚を欲しがる子どもに、代わりに蛇を与えたりはしない、そうイエスが教えるとおりです（ルカ11・11参照）。悪魔が人間の生活に現れたときに、その人が解放されるよう、その傍らで闘ってくださるかたです。つねにわたしたちのために闘ってくださる神が、わたしたちに敵対することなどありえません。お父さんなのですから。だからこそ、「わたしたちの父よ」と祈るのです。

イエスご自身の人生にも、こうした試みと誘惑という二つの時期が不可思議なかたちで訪れました。その体験によって神の御子は、はっきりいえばありえないかたちで、完全にわたしたちの兄弟となられました。そして主の祈りのもっとも難解な嘆願、祈りの文の締めくくりが、すでに聞き届けられていることを示してくれるのが、まさにこの福音箇所です。神はわたしたちを独りにしておかれるのではなく、イエスにおいてご自分を、最後の最後まで「わたしたちとともにおられる神」として明かしておられます。神はいのちを授ける際にわたしたちとともにおられ、生涯にわたってわたしたちとともにおられ、喜ぶわたしたちとともにおられ、試練にあるときも、悲しみのときも、くじけたときもわたしたちとともにおられ、罪を犯すときでさえも必ずともにいてくださいます。神は父であり、決してわたしたちをお見捨てになりません。

他者との兄弟愛の否定や、何に対してもだれに対しても絶対的な権力を欲することで、わたしたちが悪を行う試みにあったとしても、すでにイエスが、わたしたちのためにその誘惑と闘っておられます。福音書の最初の部分でそれが証言されています。罪人の群れに混ざりヨハネから洗礼を受けたすぐ後、イエスは荒れ野に引き下がり、悪魔から誘惑を受けます。このようにイエスの公生活は、悪魔からの誘惑で始まります。悪魔はいたのです。多くの人が、「どうして悪魔などという、時代後れのもののことを話すのですか。悪魔なんていないのに」といいます。では福音書が教えることを見てください。イエスは悪魔と対決しました。悪魔から誘惑を受けたのです。それでもイエスはあらゆる試みを退け、勝利を収めたのです。マタイ福音書には、イエスと敵なる悪魔との決闘を締めくくる興味深い記述があります。「そこで、悪魔は離れ去った。すると、天使たちが来てイエスに仕えた」（4・11）。

　もっとも過酷な試練のときにも、神はわたしたちを独りのままにはしておかれません。ゲツセマネで祈るために独りになられると、イエスの心はえもいわれぬ不安に襲われ――そう弟子たちにいわれました――、孤独と見捨てられた思いを感じておられます。独り、世のあらゆる罪の責任を双肩に担い、独り、ことばにならない苦悶を苦しんだのです。この試練はあまりにも過酷で、思いも寄らないことが起きます。イエスはご自身への愛を請い求めることは決してありませんでしたが、その夜は、死ぬばかりの悲しみに心が覆われ、そばにいてくれるよう親しい友に頼まれるのです。「ここを離れず、わたしとともに目を覚ましていなさい」（マタイ26・38）。しかしご存じのように、弟子たちは恐れるあまり気力を失い、眠り込んでしまいます。死ぬほど苦しいときに、神はご自身を見捨てないよう人に求めます。ところが人は眠ってしまいます。それに引き換え、人が試練に遭うときに、神は眠らずにいてくださいます。人生のもっとも惨めなとき、もっとも苦しいとき、もっとも苦悩しているとき、神はわたしたちとともに夜通し寝ずにいて、わたしたちとともに闘っておられ、いつもわたしたちのそばにおられます。なぜでしょうか。お父さんだからです。だからわたしたちは、「わたしたちの父よ」と祈るようになったのです。父親は決してわが子を見捨てません。イエスのあの苦悶の、闘いの夜は、受肉の最後の証印です。神は、底知れぬ深みに、歴史にあふれる苦しみの中にいるわたしたちと出会うために降りて来られるのです。

試練にあっての慰めは、その谷はイエスが渡られたのだから、もはや荒れ果ててはなく、神の独り子の存在により祝福されていると知っていることです。このかたは決してわたしたちを見捨てはしません。

神よ、わたしたちから試練と誘惑の時を遠ざけてください。しかしその時が訪れるのなら、どうかわたしたちの父よ、わたしたちが独りではないことをお示しください。あなたは父なるかたです。キリストがかつて、あの十字架の重荷を担われたことを示してください。イエスがご自分とともにその十字架を担うようわたしたちを招いておられること、父としてのあなたの愛に信頼をもって身をゆだねることを示してください。ご清聴ありがとうございます。

（二〇一九年五月一日、サンピエトロ広場にて）

悪からお救いください

愛する兄弟姉妹の皆さん、おはようございます。

いよいよ、主の祈りの七番目の願いまで来ました。「悪い者から救ってください」（マタイ6・13b）です。

このことばで祈る人は、誘惑に遭うときに見捨てないでくださいと願い求めるだけでなく、悪から救ってくださいとも請い求めています。ギリシア語原文は、とても強烈です。わたしたちをつかんで食い尽くそうとしている悪魔（一ペトロ5・8参照）の存在が示唆され、そこからの解放を神に願うのです。使徒ペトロは、悪い者、悪魔のことを、ほえたける獅子のように、食い尽くそうとわたしたちを取り囲んでいるともいっています。ですから、そこから逃れさせてほしいと神に願うのです。

この二重の嘆願、「わたしたちを見捨てないでください」と「わたしたちを救ってください」には、キリスト者の祈りの本質が現れています。イエスがご自分の親しい友に教えておられるのは、あらゆることに先んじて、さらに悪魔が忍び寄る脅威を感じるときにはとくに、御父に祈るようにということです。事実キリスト者の祈りは、いのちに対して目を閉じはしません。それは子としての祈りですが、子どもじみた祈りではありません。神が父であることに夢中になるあまり、人類の道は苦難に満ちていることを忘れてしまう、そんな祈りではありません。主の祈りの最後の一行がなかったなら、罪人、迫害を受けている人、絶望の中にある人、臨終の人はどのように祈ったらよいのでしょうか。この最後の嘆願は、わたしたちが極限にあるときに必ず祈るものです。

わたしたちの人生には悪が存在する、これは否定できない事実です。歴史書は、わたしたちの存在がこの世界において、どれだけ幾度も、すさまじい危険に陥っているかを示す痛ましい一覧です。不可解な不幸が存在しますが、それは明らかに神のわざによるものではありません。それは歴史の陰にひっそりと入り込んでいます。音を立てずに毒を吐く蛇のように、人知れず入り込むのです。時にはそれが優勢になったように映ります。ある時期には、その存在が神のいつくしみよりも際立っているようにさえ見えます。

祈る人は、盲目ではありません。このような厄介な悪を、神そのものである神秘に反するようなこの悪を、はっきりと目前に見ています。それを、自然の中に、歴史の中に、自分の心の内にまで見ています。自分は悪から免れている、あるいは、少なくとも誘惑はされていないといえる人は、わたしたちの中にはいません。わたしたちは皆、何が悪なのか分かっています。何が誘惑なのかをだれしも知っています。だれもが、何がしかの過ちに陥る誘惑を、身をもって経験しています。とにかく、わたしたちをその気にさせ、悪に駆り立て、「これをしなさい、これについて考えなさい、この道を行きなさい」という者こそ、誘惑者です。

　主の祈りでの最後の訴えは、ありとあらゆる経験を傘下に置く、「つば広帽の」あの悪魔にたたきつけるものです。死を悼む人間の悲嘆、罪なき者の苦悩、奴隷状態、他からの搾取、純真な子どもたちの涙――。それらすべてが人々の心の中で声を上げ、イエスの祈りの最後のことばとなります。

　「主の祈り」の一部の表現がもっとも胸に迫って響くのは、まさに受難の物語においてです。イエスはいわれます。「アッバ、父よ、あなたは何でもおできになります。この杯《さかずき》をわたしから取りのけてください。しかし、わたしが願うことではなく、み心にかなうことが行われますように」（マルコ14・36）。イエスは悪によってすべてを刺し貫かれます。ただ死ぬだけでなく、十字架上で死ぬのです。孤独だけでなく、侮蔑も屈辱も味わうのです。敵意だけでなく、ご自分に対する残忍さや執拗な憎しみもお受けになるのです。人間とは、いのちに身をささげる者、愛と幸福を夢見る者ですが、しかしその裏で、自らと隣人を悪にさらし続ける者でもあり、そうして人間に対する絶望にまで引き寄せられうる存在なのです。

ですから兄弟姉妹の皆さん。主の祈りは、わたしたち一人ひとりの中で完成するよう求められている交響曲のようなものです。キリスト者は、悪の力がいかにして支配していくのかを知っていますが、それと同時に、イエスが、悪の甘いことばに決して負けないかたが、どれほどわたしたちに寄り添い、わたしたちの助けになろうとしておられるかを身をもって体験しています。

このようにイエスの祈りは、最高にすばらしい相続財産をわたしたちに残しておられます。悪からわたしたちを救い、回心させるために闘ってくださる神の独り子の存在です。イエスは最後の闘いのとき、ペトロには剣をさやに納めるよう命じ、悔い改めた犯罪人には天の国を約束し、起きている悲劇は気に留めず、ご自分を取り囲むすべての人に対し平和のことばを投げかけます。「父よ、彼らをおゆるしください。自分が何をしているのか知らないのです」（ルカ23・34）。

十字架上のイエスのゆるしから、平和がわき出します。十字架から注がれる真の平和です。復活したかたからの贈り物、イエスがわたしたちに与えてくださるたまものです。復活したイエスの最初のあいさつは「あなたがたに平和があるように」であることを思い出してください。あなたがたの魂に、あなたがたの心に、あなたがたの人生に、平和があるようにということです。主はわたしたちに平和を与えてくださり、ゆるしを与えてくださいます。それでも、わたしたちは悪の手に落ちないように、「悪からお救いください」と願わなければなりません。これこそわたしたちの希望です。ここにおられる、わたしたちの間におられる復活したイエスが、わたしたちに与えてくださる力です。主はここにおられます。前へと進ませるためにわたしたちに与えるあの力をもってここにおられ、悪からわたしたちを救うと約束しておられるのです。

（二〇一九年五月十五日、サンピエトロ広場にて）

どこにいても、御父に祈りなさい

愛する兄弟姉妹の皆さん、おはようございます。

今日で、主の祈りに関する連続講話は最終回です。キリスト者の祈りは、「お父さん」という名で神を呼ぶ大胆さから始まるといえるでしょう。神に向かって「お父さん」ということ、これこそがキリスト者の祈りの根です。結構勇気が要りますね。ただ肝心なのは文言ではなく、恵みとして示された、子としての親しみがあるかどうかということです。イエスは、御父についての啓示者であり、御父との親密な関係をわたしたちに与えてくださいます。「イエスはわたしたちに機械的に繰り返すだけの祈りを授けられたわけではありません。すべての口禱のときもそうですが、聖霊は神の子らに神のことばを通して御父に祈るようにと教えられます」(『カトリック教会のカテキズム』2766)。イエスご自身も、さまざまな表現を用いて御父に祈りをささげました。福音書を注意深く読むと、イエスが口にしたこうした祈りの表現は、主の祈りの文言を思い出させることが分かります。

たとえばゲッセマネの夜、イエスはこのように祈ります。「アッバ、父よ、あなたは何でもおできになります。この杯をわたしから取りのけてください。しかし、わたしが願うことではなく、み心にかなうことが行われますように」（マルコ14・36）。マルコ福音書のこの箇所については、前にも考察しました。短くなってはいますが、この祈りには主の祈りの痕跡がはっきりと表れているのではないでしょうか。闇のただ中でイエスは、子としての信頼をもって「アッバ」という名で神を呼んで祈り、恐怖と苦悶の中にあっても、み心が行われるよう願っておられます。

福音の他の箇所でも、イエスは祈りの心を培うよう弟子たちにしつこく伝えています。祈りは執拗にささげるべきですが、兄弟姉妹との関係が危うくなっているときには、何よりも、彼らのことを思い起こしながら祈らなければなりません。イエスはいいます。「また、立って祈るとき、だれかに対して何か恨みに思うことがあれば、ゆるしてあげなさい。そうすれば、あなたがたの天の父も、あなたがたの過ちをゆるしてくださる」（マルコ11・25）。この言い回しは、主の祈りに非常に似ているのではないでしょうか。他にも多くの例を挙げることができます。

聖パウロの手紙には、主の祈りの本文はありませんが、キリスト者の祈りは「アッバ」というたった一語に集約されるというあのすばらしい要約（ローマ8・15、ガラテヤ4・6参照）の中に、その存在が表れています。

ルカによる福音書によれば、たびたび独りで一心に祈っておられるイエスを見て、「主よ、ヨハネが弟子たちに教えたように、わたしたちにも祈りを教えてください」（11・1）と尋ねる決心をした弟子たちの願いを、イエスはしっかりとかなえます。それで師は彼らに、御父への祈りを教えました。

新約聖書全体を見ると、キリスト者のどの祈りにおいても、主役は聖霊であることが分かります。キリスト者のどの祈りも主人公は聖霊である、それを忘れないでください。聖霊の力なしには、決して祈ることはできません。わたしたちの中で祈り、じっくり祈るよう動かしているかたは、聖霊なのです。聖霊こそが主役、わたしたちの中で真の祈りをささげておられるかたなのですから、祈りを教えてほしいと、わたしたちは聖霊に願うことができます。このかたは、イエスの弟子であるわたしたちの心それぞれに息を吹き込みます。聖霊がわたしたちを、神の子らとして――洗礼によってわたしたちは真に神の子です――祈れるようにしてくださいます。聖霊は、イエスがわたしたちのために耕してくださった「畝《うね》」で祈れるよう助けてくれます。キリスト者の祈りの神秘とは、恵みによって、至聖なる三位一体のあの愛の対話に引き寄せられることなのです。

イエスはこのように祈りました。時にイエスは、主の祈りとはまったく異なる表現もしました。イエスが十字架上で唱えた詩編22の冒頭のことばについて考えてみましょう。「わが神、わが神、なぜわたしをお見捨てになったのですか」（マタイ27・46）。天の父がその独り子を見捨てることなどありえるでしょうか。もちろんありえません。ですがわたしたち罪人への愛ゆえに、イエスは、神から見捨てられ、神が遠く離れたと思えるほどのことを味わったのです。わたしたちの罪のすべてをその身に担われたからです。しかし悲痛な叫びを上げながらも、「わが神、わが神」の声は消えません。この「わが」ということばには、御父との結びつきの核が見えます。ここに、信仰と祈りの核となる部分があるのです。

ですから、この核から出発することで、どんな状況にあってもキリスト者は祈ることができます。キリスト者は、聖書の中のすべての祈り、とくに詩編の祈りを手本にすることができますが、ほかにも、数千年の歴史の中で人々の心からわき出た実にさまざまな言い回しをもって祈ることもできます。そして御父に対して、同じ人間である兄弟姉妹のことを語るのをやめてはなりません。一人たりとも、なかでも貧しい人たちが、慰めと愛を受け取れずにいることがないようにです。

この連続講話の最後に、イエスのあの祈りをもう一度唱えましょう。「天地の主である父よ、あなたをほめたたえます。これらのことを知恵ある者や賢い者には隠して、幼子のような者にお示しになりました」（ルカ10・21）。祈るためには幼子のようにならなければなりません。そうであれば、聖霊がわたしたちの中に来てくださり、祈りへと導いてくださるでしょう。

（二〇一九年五月二十二日、サンピエトロ広場にて）

＊次の講話は「主の祈り」に関する連続講話の期間中に行われたものですが、連続講話の回には数えられていません。ですが、「お父さん」と祈ることの大切さを説くなど、取り上げられるテーマに連続性があるので、読者の便にかなうものと判断し、ここに収録いたしました。

過越――試練にあっての父への祈り

愛する兄弟姉妹の皆さん、おはようございます。

ここ数週間は、「主の祈り」について考察してきました。今日は聖なる過越の三日間の前日ですから、イエスが受難の中で御父に祈ったときの文言について考えたいと思います。

最初の嘆願は、最後の晩餐の後にささげられました。主は「天を仰いでいわれた。「父よ、時が来ました。あなたの子……に栄光を与えてください。（続けて、）み前でわたしに栄光を与えてください。世界が造られる前に、わたしがみもとでもっていたあの栄光を」（ヨハネ17・1、5）。イエスは栄光を請い願います。受難を目前にしているのですから、矛盾を感じさせる願いです。どのような栄光なのでしょうか。聖書において栄光は、神の啓示を意味します。それは人間の間に神の救いが存在する決定的なしるしです。イエスこそが、神の現存と救いを決定的に表明するかたです。しかもそれを、過越においてなし遂げます。十字架に上げられることで、栄光を受けます（ヨハネ12・23―33参照）。あの十字架の上で、神は完全にご自分の栄光を示されます。神は最後の垂れ幕を取り除かれ、経験したことのない驚きをわたしたちにもたらします。事実わたしたちは、神の栄光とはひたすら愛であること、境界線や程度をことごとく乗り超える、狂おしく、理性でははかりしれない、愛であることに気づかされます。

兄弟姉妹の皆さん、イエスの祈りを自分のものとしましょう。この数日の間に十字架を仰ぎ見ることで、神は愛であることが受け止められるよう、わたしたちの目から覆いを取り去ってくださいと、御父に願いましょう。わたしたちは幾度、このかたを父ではなく支配者として思い浮かべてしまったことでしょう。あわれみ深い救い主としてではなく、厳しい審判者として何度思い描いたことでしょう。それでも神は、過越において、隔たりを撤廃し、ご自分を、愛ゆえにへりくだる者として示してくださいます。この愛はわたしたちからの愛を求めておられます。ですからわたしたちが、神と同じように、すべてを愛をもって行えば、何でも心を込めて行えば、神に栄光を帰すことになるのです（コロサイ3・17参照）。真の栄光とは、愛の栄光です。愛だけが、この世にいのちを与えるものだからです。明らかにこの栄光は、感嘆や賛美や称賛を受けるものとしての、自己が中心にあるこの世的な栄光の対極にあります。神の栄光は逆説的です。称賛もなければ、注目もありません。中心にあるのは自己ではなく他者です。現に主の過越では、御子が御父の栄光を現すと同時に、御父が御子に栄光を与えることが理解できます。自分で自分に栄光を授けられる人はいません。今日、自らを振り返ってみましょう。「わたしはどちらの栄光のために生きているのだろうか。自分の栄光だろうか、神の栄光だろうか。他者から受ける栄光を望んでいるだけだろうか。それとも、他者に栄光を与えることも望んでいるだろうか」。

　最後の晩餐の後、イエスはゲツセマネの園に入り、そこでも御父に祈ります。弟子たちが起きていられなくなっていると、ユダが兵士を引き連れてやって来、イエスは

「ひどく恐れてもだえ」始めます。イエスはご自分を待ち受けているもの、裏切り、侮蔑、苦痛、打つ手のない状態を前に、激しい不安を覚えます。イエスは「悲しんで」、その中で、そのどん底で、悲嘆の中で、御父に向かって、もっとも子どもらしい甘えたことばを口にします。――「アッバ」、つまりお父さん、と（マルコ14・33―36参照）。試練の中でイエスは、御父をかき抱くことをわたしたちに教えています。御父への祈りには、苦しみの中を進む力があるからです。つらいときも、祈りは安らぎであり、よりどころであり、慰めです。すべての人に見放され、悲嘆に暮れていても、イエスは独りではありません。御父がともにおられます。ところがわたしたちは自分自身のゲツセマネで、まことのいつくしみである御父のみ旨に身をゆだねたイエスのように、「お父さん」と呼びかけて御父に身をゆだねるよりも、孤独のままでいようとしがちです。ですが、苦難にあって自分の中に閉じこもれば、内へとトンネルを掘ってしまいます。それは一方通行のつらい内向きの道で、ますます自分の中へと入り込んでしまいます。最大の問題は苦難ではなく、どのようにそれと向き合うかです。孤独は出口を示せませんが、祈りにはできます。祈りは結びつきであり、ゆだねることだからです。イエスは御父にすべてをゆだね、すがります。ご自分の思いをすべて御父に伝え、苦難の中で御父により頼みます。わたしたちも自分のゲツセマネに入ったら――それぞれに自分のゲッセマネがあります。あるいは、かつてそこにいた人もいれば、これからの人もいるはずです――、次のことを忘れずにいましょう。ゲッセマネに入ったとき、もしくは入ろうとするときには、「お父さん」と呼びかけて祈ることを忘れないでください。

　最後に、イエスはわたしたちのために三番目の祈りを御父にささげます。「父よ、彼らをおゆるしください。自分が何をしているのか知らないのです」（ルカ23・34）。イエスはご自身につらく当たった人々、自分を殺そうとしている人々のために祈っておられます。福音は、この祈りが十字架にかけられる、まさにそのときに発せられたものだということを示しています。おそらく、イエスの手首や足に釘が打ち込まれた、その激痛の中でのものだったはずです。そこで、苦しみの絶頂で、愛は頂点に達します。そこから、ゆるしという、悪のくさびを断ち切る、はかりしれない力をもったたまものがもたらされます。愛する兄弟姉妹の皆さん。この聖週間には、次に挙げる恵みのどれかを願って、「主の祈り」を祈りましょう。神の栄光のために日常を生きる、つまり愛をもって生きることができますように。苦難のときに御父に身をゆだね、御父に向かって「お父さん」といえるようになりますように。御父との出会いによって、ゆるしを得、ゆるす勇気を与えられますように。御父はわたしたちをゆるしてくださり、そればかりか、ゆるす勇気も与えてくださいます。この二つは同時にあるのです。

（二〇一九年四月十七日、サンピエトロ広場にて）

ペトロ文庫

十戒・主の祈り——教皇講話集　　定価はカバーに表示してあります

2020 年 9 月 1 日　第 1 刷発行　　日本カトリック司教協議会認可
2021 年 5 月 25 日　第 2 刷発行

著　者　教皇フランシスコ
編訳者　カトリック中央協議会事務局
発　行　カトリック中央協議会
〒135-8585 東京都江東区潮見 2-10-10 日本カトリック会館内
☎03-5632-4411（代表）、03-5632-4429（出版部）
https://www.cbcj.catholic.jp/

印刷　株式会社精興社　　ISBN978-4-87750-226-3 C0116

乱丁本・落丁本は、弊協議会出版部あてにお送りください
弊協議会送料負担にてお取り替えいたします

ペトロ文庫発刊にあたって

カトリック中央協議会事務局長　酒井俊雄

カトリック中央協議会の主要な任務の一つは、カトリック教会の教義をひろめ、信者を教化育成し、布教の推進を円滑にするための業務および事業を行うことにあります。とくに、教皇および教皇庁、また日本カトリック司教協議会の公文書を日本のカトリック教会と社会に向けて提供し続けることは、当協議会の重要課題であると自覚しています。

この使命を遂行するため、ここにペトロ文庫を発刊することとなりました。ペトロは、十二使徒のかしらであり、ローマの初代司教であり、カトリック教会の初代教皇です。使徒たちの後継者である司教は、ペトロの後継者である教皇との交わりのうちに、人々に奉仕します。とりわけ、信仰と道徳に関して教えるとき、つまり教導職を果たすとき、この交わりは不可欠です。そこで、カトリック中央協議会が新たに発刊する文庫に、初代教皇の名をいただくことといたしました。皆さまが教会公文書により親しむための一助となれば、望外の幸せです。

二〇〇五年十月

✤✤✤　ペトロ文庫既刊　✤✤✤

教皇フランシスコ

ミサ・洗礼・堅信――教皇講話集

キリスト者にとって生の根源であり、わたしたちのいのちに完全な意味を与えるものである秘跡と典礼についての、コンパクトで親しみやすく、心温まる解説。聖霊の導きを信じて歩むようにと、力強く励ます。

160 頁
定価（本体 700 円 + 税）
ISBN978-4-87750-218-8

定価は 2020 年 7 月現在。予告なく変更になる場合があります。

ペトロ文庫既刊

教皇フランシスコ

キリスト者の希望――教皇講話集

人生の旅路において、神がともにいてくださることへの確信によってキリスト者が得る希望について、旧約、新約両聖書を通して考察し、孤独や苦しみに満ちた荒れ野を神への信頼をもって力強く歩むすべを語る。

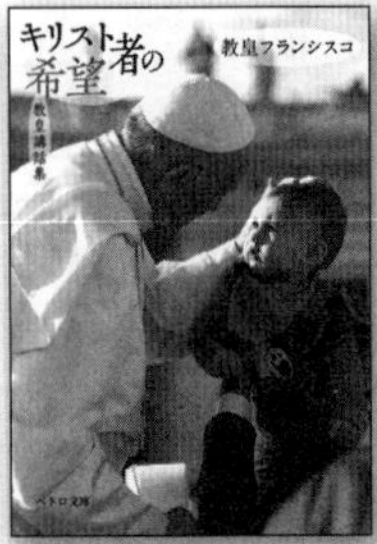

224頁
定価（本体800円＋税）
ISBN978-4-87750-212-6

定価は2020年7月現在。予告なく変更になる場合があります。

ペトロ文庫既刊

教皇フランシスコ

家族——教皇講話集

家庭に関する連続講話と関連する講話等を収録。父、母、子など各家族の役割と相互の関係、そして現代の家庭が直面する困難について語り、家庭における親しく温かな交わりを社会にまで広げるよう訴えかける。

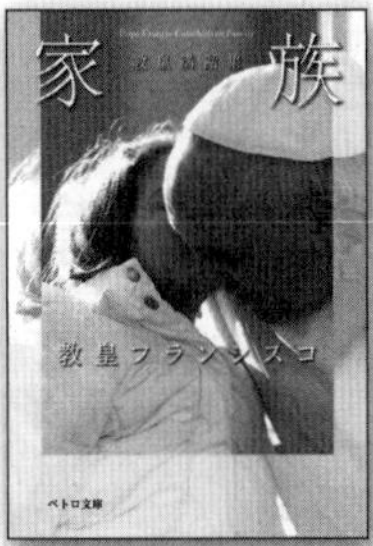

256 頁
定価（本体 900 円＋税）
ISBN978-4-87750-198-3

定価は 2020 年 7 月現在。予告なく変更になる場合があります。

❖❖❖ ペトロ文庫既刊 ❖❖❖

教皇フランシスコ

秘跡・聖霊のたまもの・教会

教皇講話集

独特のユーモアと温かさを兼ね備えた、キリスト者として生きることの意味と本質の平易で親しみやすい解説。使徒的勧告『福音の喜び』で教皇が訴えた数々の主題が、より具体性をもって随所に力強く語られる。

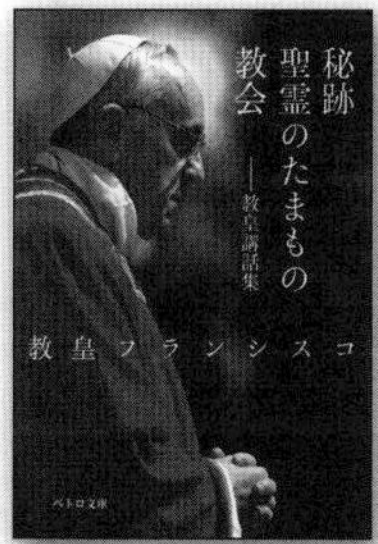

192頁
定価（本体650円＋税）
ISBN978-4-87750-195-2

定価は2020年7月現在。予告なく変更になる場合があります。

❖❖❖　ペトロ文庫既刊　❖❖❖

教皇フランシスコ

教皇フランシスコ講話集6

聖職者による未成年者への性虐待問題に向き合う決意を示す書簡、世界教会協議会創設七十周年記念行事での講話などのほか、利己心や消費主義を克服し、神に愛され他者を愛する人生の喜びを説く講話を多数収録。

352頁
定価（本体1200円＋税）
ISBN978-4-87750-222-5

定価は2020年7月現在。予告なく変更になる場合があります。

❖❖❖　ペトロ文庫既刊　❖❖❖

教皇フランシスコ

教皇フランシスコ講話集5

日本の司教への親書、『カトリック教会のカテキズム』公布二十五周年記念講話、核兵器廃絶のための国際シンポジウムでのあいさつ、少数民族問題で揺れるミャンマーとバングラデシュ司牧訪問の振り返り等を収録。

320頁
定価（本体1100円＋税）
ISBN978-4-87750-215-7

定価は2020年7月現在。予告なく変更になる場合があります。

❖❖❖ ペトロ文庫既刊 ❖❖❖

教皇フランシスコ

教皇フランシスコ講話集4

WYDクラクフ大会閉会ミサ、マザー・テレサ列聖式ミサ、宗教改革五〇〇周年記念合同祈禱会、いつくしみの特別聖年閉年ミサでの説教、渡航中亡くなった難民犠牲者を追悼したレスボス島でのあいさつ等を収録。

288頁
定価（本体900円＋税）
ISBN978-4-87750-209-6

定価は2020年7月現在。予告なく変更になる場合があります。

❖❖❖　ペトロ文庫既刊　❖❖❖

教皇フランシスコ

教皇フランシスコ講話集3

教皇庁定期訪問中の日本司教団への講話、回勅『ラウダート・シ』の教えをより具体的に情熱をもって語った、草の根市民運動国際大会（ボリビア）や国連総会での演説、いつくしみの特別聖年開年ミサ説教等を収録。

320頁
定価（本体1100円＋税）
ISBN978-4-87750-201-0

定価は2020年7月現在。予告なく変更になる場合があります。

✤✤✤　ペトロ文庫既刊　✤✤✤

教皇フランシスコ

教皇フランシスコ講話集2

ヨハネ二十三世とヨハネ・パウロ二世の列聖式ミサ説教、聖地や韓国での講話、そして人間の弱さや陥りやすい悪を十五の病として挙げ話題を呼んだ、教皇庁各省庁長官および議長への降誕祭のあいさつ等を収録。

368頁
定価（本体1200円＋税）
ISBN978-4-87750-191-4

定価は2020年7月現在。予告なく変更になる場合があります。

❖❖❖　ペトロ文庫既刊　❖❖❖

教皇フランシスコ

教皇フランシスコ講話集１

就任第一年目の講話、説教、お告げの祈りの前のことばなどで構成。最初の祝福、就任ミサ説教、初のイタリア国外司牧訪問となったＷＹＤリオデジャネイロ大会での説教や講話、信仰年閉年ミサ説教等を収録。

272頁
定価（本体900円＋税）
ISBN978-4-87750-183-9

定価は2020年7月現在。予告なく変更になる場合があります。

❖❖❖ ペトロ文庫既刊 ❖❖❖

教皇ベネディクト十六世／教皇フランシスコ

信（クレド）条——教皇講話集

ベネディクト十六世によって始められフランシスコにより完結した『カトリック教会のカテキズム』に沿った信条に関する連続講話。人間を制限するのではなく、人生を真に人間らしいものとする神への信仰の再発見。

288 頁
定価（本体 900 円＋税）
ISBN978-4-87750-185-3

定価は 2020 年 7 月現在。予告なく変更になる場合があります。

❖❖❖　ペトロ文庫既刊　❖❖❖

教皇ベネディクト十六世

新約の祈り

使徒言行録、パウロの書簡、ヨハネ黙示録、さらに典礼における祈りを考察し、幼子が両親に抱く信頼をもって神に呼びかけることのできるすばらしさを、「魂と生命の呼吸」である祈りの中で学ぶよう誘う。

168 頁
定価（本体 600 円＋税）
ISBN978-4-87750-175-4

定価は 2020 年 7 月現在。予告なく変更になる場合があります。

ペトロ文庫既刊

教皇ベネディクト十六世

イエスの祈り

実践と形式以前に内的態度、神の前での人のあり方そのものである「祈り」に関する連続講話。旧約の族長や預言者の祈り、詩編の祈り、そしてイエスの祈りを、聖書をひもとき考察し、その学びやに誘う。

256 頁
定価（本体 850 円＋税）
ISBN978-4-87750-171-6

定価は 2020 年 7 月現在。予告なく変更になる場合があります。

✤✤✤ ペトロ文庫既刊 ✤✤✤

教皇ベネディクト十六世

使徒――教会の起源

「使徒の経験から見た、キリストと教会の関係の神秘」をテーマとした連続講話集。「使徒たちの経験」を生き生きと描出しながら、キリストとの個人的な関係を生きることの重要性を平易に説く。

256 頁
定価（本体 850 円＋税）
ISBN978-4-87750-136-5

定価は 2020 年 7 月現在。予告なく変更になる場合があります。